JN410323

대구의 詩,
시공을 관통하는
화살

대구시인협회 30년사

대구의 詩,
시공을 관통하는 화살

대구시인협회

발간사

대구시협 30년사를 펴내면서

윤 일 현 (대구시인협회 회장)

> 고난의 시대에 태어난 것은 천재에게는 행운이다. 천부적인 능력을 발휘해 시대의 고난을 떨쳐내고 새로운 시대를 열 수 있는 영광스러운 무대가 주어지기 때문이다. 천재에게 고난의 시대는 기회의 또 다른 이름이다.
>
> —요한 볼프강 폰 괴테

2020년 전 지구를 강타한 코로나19는 모든 어젠다를 거의 다 삼켜버렸다. 사람들은 날마다 전국과 지역의 확진자 수를 확인하며 개인적인 활동 범위를 결정하고 있다. 답답하고 우울한 일상은 우리가 사는 세상에 대한 근본적인 성찰의 기회도 제공한다. 세상은 정도의 차이만 있을 뿐 언제나 고난과 고통으로 가득하다.

인간은 기록하는 존재다. 충무공 이순신 장군은 전장에서도 '난중일기'를 썼다. 다산 정약용은 18년 귀양살이를 하면서 500여 권을 저술했다. 안네 프랑크는 그 절박한 상황에서도 일기를 썼다. 대구의 시인들은 코로나19라는 세계사적 재난을 겪으면서 『아침이 오면 불빛은 어디로 가는 걸까』라는 앤솔로지를 남겼다. 시인은 시인 특유의 감성과 감각으로 선택한 언어로 자신이 몸담은 세상과 사람을 표현한다. 같은 대상을 보면서도 표현 방식은 각기 다르다. 그러나 일정 기간을 잘라 놓고 전체를 조망하면 한 시대를 관류하는 일관된 흐름과 경향을 확인할 수 있다.

대구시인협회가 올해로 창립 30주년을 맞이했다. 대구 시단은 인적 자원이 풍부하고 생산된 작품의 스펙트럼 또한 매우 넓다. 지난 7월 대구시협 이사회는 시협 30년을 정리할 필요성에 공감하고 '대구시인협회 30년사 출간을 결정했다. 대구시협30년사 출간위원회는 방대한 자료를 어떻게 정리할까에 대한 토론을 했다. 종이책의 위상과 한계에 대한 논의도 활발하게 전개했다. 우리는 대구시협 30년의 궤적을 한 눈으로 볼 수 있는 『대구의 詩, 시공을 관통하는 화살』을 먼저 만들기로 했다. 회원 개개인의 연보와 작품 활동 내용은 디지털 데이터베이스 구축을 통해 따로 정리하기로 했다.

이제 우리는 다가올 30년을 내다보며 시인의 사명과 역할에 대해 다시 생각하는 시간을 가져야 한다. 우리는 대구시협의 미래를 위해 제도의 정비와 함께 급변하는 상황에 창의적으로 대처할 수 있는 비전도 마련해야 한다. 이 『대구의 詩, 시공을 관통하는 화살』이 현재의 회원들에게는 과거를 아름답게 회상하게 해주는 추억의 보고로, 대구 시단을 이끌어 갈 젊은 시인들에게는 신선한 자극제가 되길 소망한다. 대구시협 모든 회원 여러분과 축시와 회고록, 좌담회 등을 통해 지난 30년을 생생하게 재생해 주신 역대 회장님들, 어려운 여건 속에서도 책의 출간을 위해 수고를 아끼지 않은 박태진 편집위원장님, 황영숙, 정하해 부회장님, 박언숙 사무국장님, 김상윤 출판국장님, 서담 홍보국장님, 편집실무를 맡아 고심한 박진형 고문님, 차회분, 윤은희 간사님, 15대 집행부 여러분께 깊은 감사의 마음을 드린다.

2020년 12월

축 시

변주곡들

권 기 호 (대구시협 초대회장)

출발은 이데아다
언땅에 피켈을 꽂고
시는 먼 지평선을 가리킨다

눈에 봄을 담은 시인은 가고
비치는 태양이 없는 곳에
빛이 터진다는 시인도 가고

아직도 아흔날 아흔밤 비가 내리고
사천의 낮과 밤 검은 영혼들
가르마 논길 가고 있지만

강철 무지개 품고
노스탤지어 손수건 흔들던 시인이여

지금 그대 노래
문명의 뒤안길 밀려 있지만

화려한 대중의 수사 속
잠시 장막 뒤 가고 있지만

그러나 시는
대지에 힘줄을 꽂고
먼 지평선을 가리키고 있다

출발의 새로운 심장을 꽂고
먼 지평선을 가리키고 있다

차례

회고사

사진으로 본 대구시인협회 30년(1991~2020)

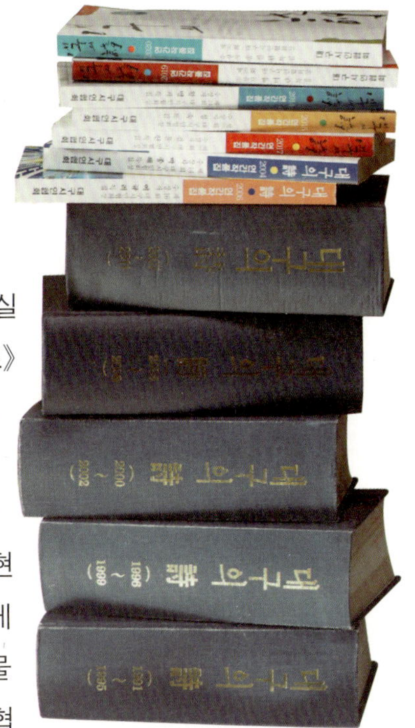

일제강점기인 1922년 암울한 현실 속에서 문학의 씨앗을 뿌린 《백조》 동인 창간호에 이상화 시인은 「나의 침실로」 등을 발표하면서 한국문단에 혜성처럼 등장하였습니다. 이상화 시인을 기점으로 잡을 때 대구현대시의 백년의 장구한 역사를 가지게 되었습니다. 이러한 대구현대시의 물줄기를 면면이 이어받은 대구시인협회는 1991년 창립되어 이제 30주년 성년을 맞았습니다. 그간 30년의 발자취를 사진을 통해 다시 되새겨 봅니다. 문학은 텍스트 이상도 이하도 아닙니다. 그간 축적해온 대구시의 텍스트는 한국의 시대정신을 관통한 화살이 될 것입니다. 대구시인협회는 이제 새로운 30년의 바라보며 이 땅의 새로운 시대정신을 위해 신발끈을 고쳐 매겠습니다.

1996

▲「시·노래·춤의 축제」에서 인사말을 하고 있는 서종택 회장

「시·노래·춤의 축제」에서 열창하고 있는 성악가 임웅균씨, 시낭송을 하고 있는 박정남, 백미혜 회원(11월 4일) ▼▶

▲ 시낭송을 하고 있는 서정윤 회원(11월 4일)

봉산동 문화의 거리 소헌 갤러리에서 「시·그림전」을 열다(11월 1일) ▲

1997

▲ 대백프라자에서 열린 「시의 축제」 모습. 이구락 회원의 사회로 진행되었다.

▲ 「시의 축제」를 마치고 초청시인 송수권, 손종호와 본회 이기철, 김기현, 강해림, 이구락, 김세웅, 김상환, 정이랑 시인의 모습도 보인다.

청도 운문사승가대학 사리암에서 열린 대구시협 세미나를 마치고 기념 촬영을 하다. 서종택 고문, 이기철 회장, 박정남 부회장, 서정윤 사무국장, 김미혜, 이숙희, 윤성도 회원 등 40여 명이 참가하였다(11월 2일).

2002년 시의 날 기념 행사를 수성못 선착장에서 가졌다. 수성못 유람선 선착장을 대구詩의 해방구로 꾸미고, '시여, 시여, 깃발을 올려라!'란 이름으로 시민과 함께 하는 시의 포퍼먼스로 진행되었다.

행위예술가 윤명국의 손에 이끌려나와 흰 천에 감싸인 김기연과 이하석 시인 ▶

2002

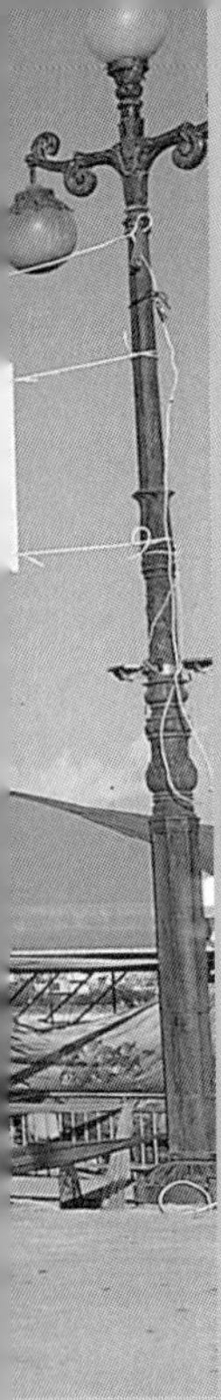

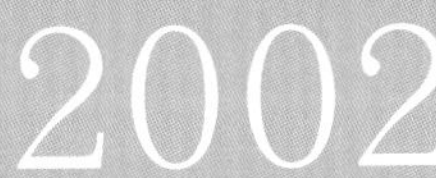

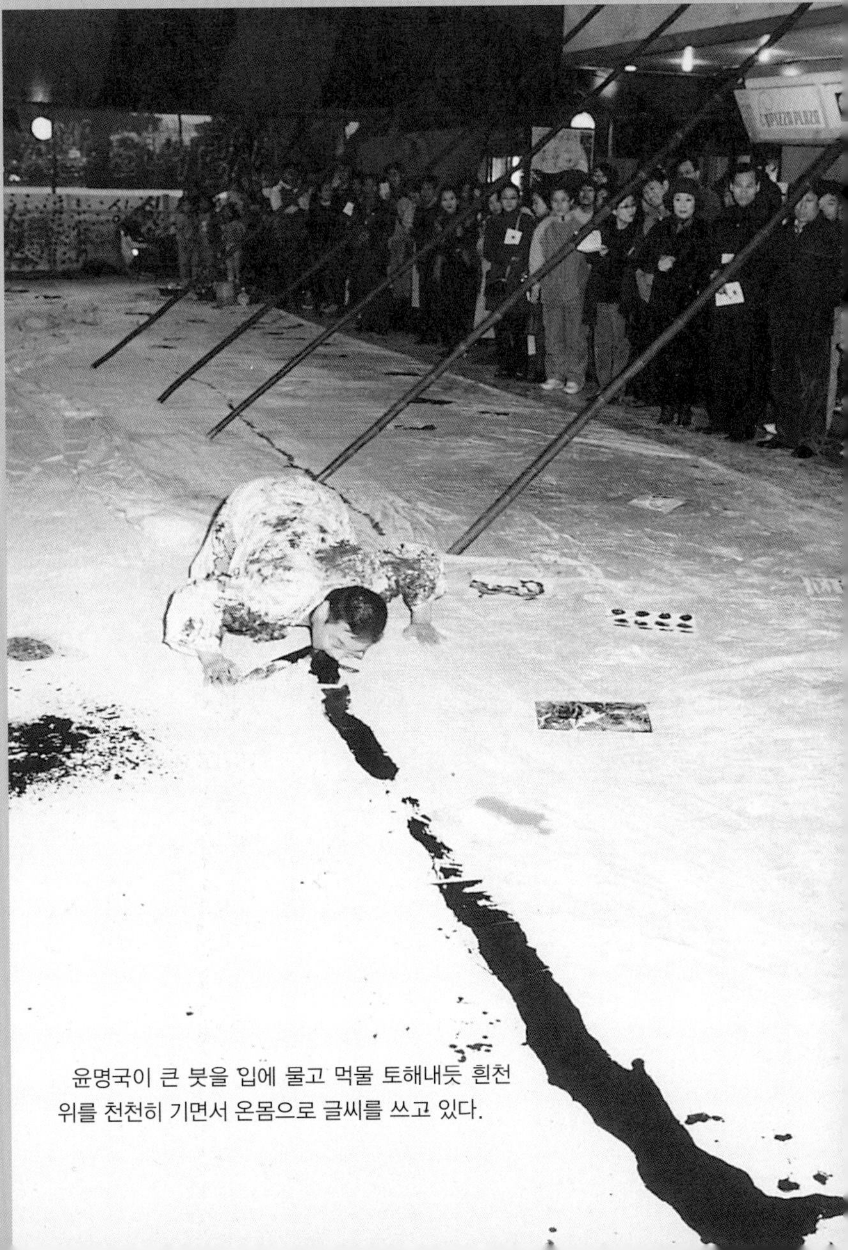

윤명국이 큰 붓을 입에 물고 먹물 토해내듯 흰천 위를 천천히 기면서 온몸으로 글씨를 쓰고 있다.

▲ 주운숙 명창의 판소리 춘향가 한 마당

대구시내 고등학생들의 시낭송 ▲

수성못 띄운 시의 뱃놀이 '청승자진 한잎'의 피릿가락으로흥을 돋군 정경조 명인 ▲
(10월 26일)

2003

국립대구박물관 강당에서 열린 시의 날 문학강연 중인 김열규 교수 ▶

여고생의 시낭송 모습 ▶

◀ 시낭송대회 수상자에게 상장과 부상을 전달하는 이진흥 회장(11월 1일)

▲ 시의 날 공연을 하는 신보식 명인의 대금독주

가수 시인인 위승희씨의 시노래 공연(11월 1일) ▼

2004

대구문화예술회관 1층 로비에서 2층으로 올라가는 계단을 이용하여 만든 간이무대에서 시를 낭송하는 권미강, 이연순씨, 대구문화회관의 급소이며 금기 장소인 로비 분수대를 급습하여 이규리 시인의 「욕조」를 김헌근씨가 연극으로 풀어내었다.

빈터를 지키는 작은 문학회 현수막 아래 대구시협 회원 40여 명이 ▲ 모여 앉다(6월 26일).

11월 1일 시의 날 '시의 깃발을 올려라'가 1~2부는 수성못 선착장에서, 3부는 반월당 삼성금융프라자 광장에서 시민들과 함께 하는 시의 축제로 열렸다. 이 날 하일라이트는 수성못 선착장에서 자리를 옮겨 오후 6시 어둠이 깔린 반월당 삼성금융프라자 앞에서 펼쳐진 시의 거리 선포식이었다. 시다리기회와 공동으로 주최한 시의 거리 선포식은 시민들과 함께 호흡한 자리였다.

시의 거리 선포식을 하는 이하석 회장 ▶

수성못 선착장에서 펼친 진우씨의 시노래 ▲

▲ 반월당 삼성금융프라자 앞에서 흥겨운 사물놀이패 '매구' 공연을 즐기는 회원들 (11월 1일 저녁 7시).

2005

▲ 문학 강연하는 권국명 시인

시 낭송하는 정하해 시인 ▲

▲ 냉천 허브힐즈에서 '대구의 시월, 시의 허브 속으로' 시의 날 행사가 10월 1일~29일까지 매주 토요일 5회에 걸쳐 열렸다. 허브힐즈 행사장에 모인에 관객들.

시의 날 2부 행사로 진행한 『손으로 쓴 詩』
출판기념회 모습(10월 29일, 허브힐즈)

2006

▲ 문인수 회장의 인사말씀

시집에 대한 3분 독후감을 ▲
하는 엄원태 시인

▼ 상반기 합동출판기념회를 송원교육문화센타 아트홀에서 마치고 회원들이 한 컷을 찍다(6월 10일).

▲ 시의 날 기념 및 하반기 합동출판기념회를 '대구의 시, 가을호수에 띄우다'란 주제로 수성못 수변공원에서 가졌다.

▲송광순 회원 시화를 배경으로

행사 시작을 기다리는 회원들(11월 4일) ▲

2007

상반기 〈작가와의 만남〉을 6월 2일 송원교육문화센터 아트홀에서 가지다. 신간 시집을 출간한 엄원태, 배창환, 조행자, 김복연, 백종식 회원의 자작시 시낭송 등 22명의 회원이 참가하여 축하하다.

▲ 인사말을 하는 문인수 회장

'가을빛으로 그리는 대구의 시' 전시 및 공연, 하반기 합동출판기념회가 대구시 중구봉산문화회관 야외특설무대에서 펼쳤다(10월 14일).

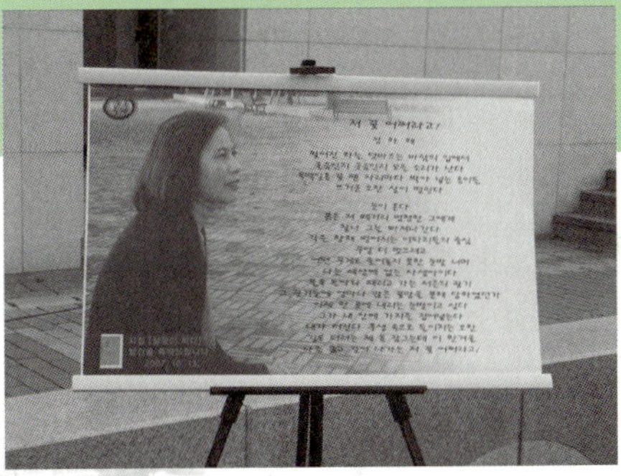

2008

▲ '봄 세미나 및 문학기행'을 전남 순천 선암사, 낙안민속마을, 순천만 자연 생태보존지구로 다녀오다(4월 27일).

◀ 행사 개막을 알리는 이구락 회장

시민과 함께하는 시음악회가 상화고택 앞마당에서 6월 12일과 6월 26일 두 차례 열렸다. 회원 시낭송과 기타와 하모니카, 노래 등 다양한 공연이 펼쳐져 시의 향기를 더했다.

2009

봄 야유회 및 상반기 출판기념회를 팔공산 하동정씨 재실 만취헌에서 가졌다. ▲ 대청마루에 앉아서 진지하게 세미나와 시낭송을 듣고 단체촬영을 하다(4월 18일).

◀ 임진수 교수의 문학강연

시의 날 기념 '시의 대구를 노래하다' 행사를 푸른방송 아트홀에서 임진수의 문학강연, 임은숙의 국악가요, 대구재능시낭송협회의 시극 「대구를 노래하다」, 김준우, 오석운의 기악연주, 시민참여 시낭송, 심민경의 시노래, 시집 출간 회원(김두한, 정경자, 박윤배, 전태련, 공영구, 김욱진, 장혜승, 김위숙, 박창기) 축하연과 일렉캣츠의 축하공연을 가지다(10월 31일).

2010

◀ 봄 야유회 및 상반기 출판 기념회가 파계사 팔각정에서 열렸다. 주제발표에 고희림, 이승주 회원, 강문숙, 김선굉, 문차숙, 이승주, 정숙 회원의 시집 발간을 축하하다(4월 10일).

◀ 뒷풀이마당에서 김세웅 회장의 "건배!"

▲ 대구 시민과 함께하는 시의 날 축제, '2011 대구세계육상선수권대회 성공 기념' 및 시의 날 축제 '시여 뛰어라'를 수성못 수변공원 야외무대에서 열었다. 김세웅 회장과 고문님들(10월 30일).

송년의 밤 및 대구시협상 시상식이 프린스호텔 본관 3층 프린스홀에서 개최하다(12월 23일). ▶

2011

▲ 봄 통영문학기행 및 출판기념회를 4월 17일 가졌다. 청마문학관, 김춘수 문학관, 박경리기념관을 탐방하며 통영의 봄바다의 아름다움을 만끽하는 문학기행이 되었다.

▲ 대구 시민과 함께하는 시의 날 축제 '시가 주인공이다'를 개최하다. 또한 대구시협 20주년 자선대표시선『대구, 詩의 불꽃』출판기념회를 가지다(10월 30일).

『대구의 詩』 출판기념회, 송년회 밤 및 대구시협상(수상자 권운지) 시상식, 신입회원 축하연을 프린스호텔 본관 3층 프린스홀에서 열렸다(12월 15일).

2012

전북 부안 곰소 염전과 채석강 등 변산반도로 회원 38명이 봄 문학기행을 다녀오다(4월 29일).

▲ 상반기 회원출판기념회 및 세미나를 레스토랑 케냐에서 가지다. 이태수 시인의 〈2012년 봄을 여는 대구의 시〉로 문학세미나를 열고, 신간 시집 출간 축화연도 가지다(5월 24일).

지성학원문화센터에서 '시의 날' 행사 · 하반기 시집 출판기념회를 가지다(11월 1일). ▼

▲ '시의 날' 행사에서 박영호 회장의 인사말씀

송년의 밤과 『대구의 詩』 출판기념회, 대구시인협회상, 제1회 청소년 시문학상 시상식이 프린스호텔 본관 3층 프린스 홀에서 열렸다(12월 21일). ▼▶

2013

부산 이기대 산책길,
울산 간절곶 등으로
봄 문학기행을
다녀오다(4월 21일).

시민과 함께하는 가을 세미나를 해인사 소릿길을 거쳐 해인사 경내를 돌아보았다(10월 19일). ▶

▲ 상반기 세미나에서 박영호 회장 인사말, 대일동 산딸기까페에서 열렸다(7월 6일).

한국시인협회와 대구시협이 시의 날 행사를 함께 가지다(10월 30일). ▲

2013년 『대구의 詩』 출판기념회와 더불어 대구시인협회상 시상식, 신입회원 축하 환영식, 제2회 청소년 시문학상 시상식 등 대구시인협회 송년문학제를 프린스호텔 본관 3층 프린스 홀에서 가지다(12월 26일).

2014

대구시인협회 '움직이는 이사회' 열다. 7시 법원 앞에서 관광버스에 타고 충남 아산시 송악면 외암민속마을에 도착하여 2시간 남짓 민속마을을 둘러보고 점심 식사를 한 뒤 천안 시내 아라리오갤러리에 도착하였다. 그림을 관람한 뒤 대청호로 가서 하루를 마감하는 의미 깊은 봄나들이었다(3월 30일).

◀ 지성학원문화센터에서 열린 2014 대구시협 총회에서 12대 김선굉 회장을 선출하였다(2월 27일).

팔공산 대한수목원 분수대 앞에서 '시민과 함께 하는 팔공산 달빛문학 캠프'가 오후 5시부터 8시까지 다양한 시의 행사가 펼쳤다. 김선굉 회장 인사말씀 한 마디(7월 12일).

시의 날 축제 중 대구 시민·학생 함께 시티투어를 타고 행사 모습(11월 1일) ▲

2014년 송년문학제가 아양아트센터 2층 웨딩하모니에서 열렸다. 『대구의 詩』 출판기념 ▲ 회, 대구시협상(수상 황명자) 시상식, 신입회원 상견례, 축하공연이 열렸다(12월 23일).

2015

'2015 범어아트스트리트 기획전'이 범어지하철역 전시장에서 열렸다. '대구는 詩다'에는 어깨를 툭, 치는 시와 그림전(벽면갤러리), 대구시인협회 시집 도서관(스페이스 3~4 전시실), 살아움직이는 전시(스페이스 2 전시실), 시와 그림, 서예와 사진 12인 동행전(스페이스 1 전시실) 등 4부로 나눠 다양하게 펼쳤다(6월 23일~7월 18일).

▲ 이영철 화가의 시인 캐리커쳐 그리기

박진형의 시 퍼포먼스를 마치고 ▲

시의 날 행사가 화원 사문진나루에서 '낙동강에 시의 배를 띄우다'를 열었다. 1부 사문진나루에 시의 깃발을 올려라는 회원 육필시 깃발 만들기, 진우 시노래, 시 퍼포먼스 이유선, 시가 있는 춤 이귀선, 회원 시낭송이 있었다. 2부는 유람선을 전세내어 회원과 시민 등 70여 명이 승선하여 황홀한 낙동강의 노을 속으로 시의 풍류를 만끽하는 선상시낭송회가 열렸다(10월 24일).

2016

◀ 정기 총회에서 선출된 13대 박 진형 회장의 취임사(2월 24일)

대구시협 봄 야유회를 고모산성, 문경 새재 등 문경 일원을 다녀왔다. 문경 새재 영화촬영 세트장에서 주리를 트는 익살꾼들(4월 23일). ▼▶

시의 날 행사로 사문진나루에서 '유상곡수연, 술 한 잔에 시 한 수로'를 펼치다. 포석정의 유상곡수연을 빌려와 사문진나무 분수대 아래로 막걸리 잔을 띄우고 자기에게 내려오면 막걸리를 한 잔하고 자작시 한 수로 낭만을 즐기다. 시노래 진우, 무용 이귀선, 대금 이수준, 옛가요 이춘호 씨 등 시의 날 행사를 빛내주었다(10월 26일).

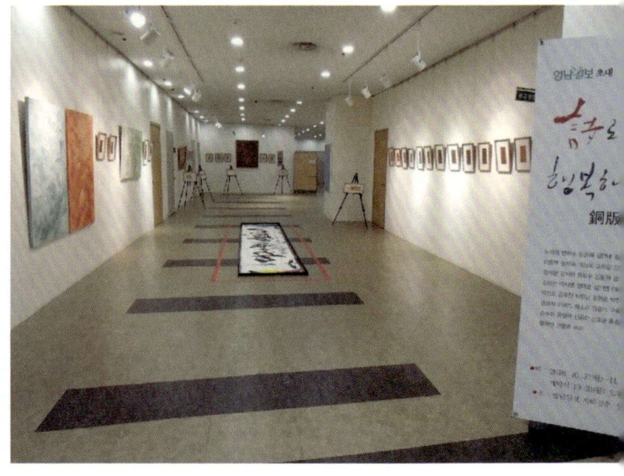

▲ 손으로 그린 포스터

영남일보 초대 '시로 행복하자 동판시전(銅版詩展)'이 영남일보 지하 1층 갤러리에서 10월 31일~11월 5일까지 열렸다.

시협상 수상자인 노태맹 시인에게
상패를 전달하는 박진형 회장 ▶

▲ 황인동 피아노 연주, 노래

김민희의 플룻 연주 ▲

창립 25주년 대구시협 송년문학제 프린스호텔에서 열다.『詩, 희망을 노래하다』, 연간작품집『대구의 시』출판기념, 대구시협상 시상식을 겸하다(12월 22일).

2017

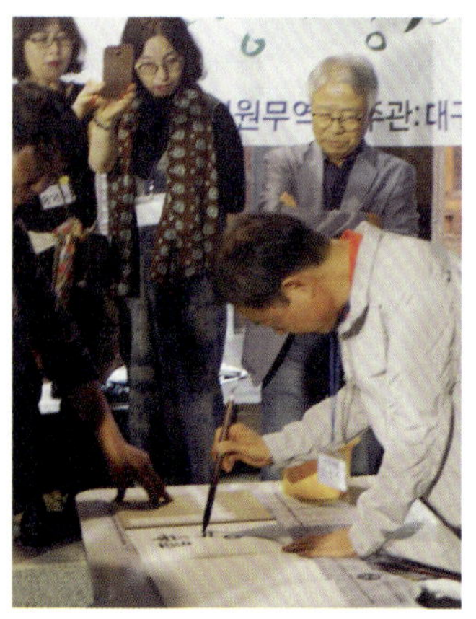

대구시협에서 5월 20일~21일 1박2일 학술세미나 〈물과 늪의 생명시학〉을 창녕 성씨 고택에서 열었다. 저녁에는 국악한마당과 시낭송으로 봄밤의 흥취를 새롭게 하였다. 다음 날 관룡사와 우포늪에 이우걸문학관에서 대구의 시 리본달기와 보물찾기 등 창녕 일원을 탐방하였다.

▲ 성씨 고택에서 학술세미나를 마치고(5. 20)

▲ 고즈넉한 성씨 고택의 밤 우소혜,
김기호(고수)의 판소리 한마당

▼ 우포늪에서 대구의 시나무에 리본을 달고

〈시의 날〉 행사로 '2017 육필시화전·회원 시집도서전'을 10월 31일에서 11월 5일까지 서부도서관 갤러리 및 1층 로비에서 펼쳤다. 또한 〈2017년 시의 날〉 행사를 11월 5일 1층 갤러리에서 가지다. 시낭송, 국악공연, 하모니카, 색소폰 연주, 통키타 등 연주, 공연과 해방이후 60년대 대구시의 풍경에 관한 김원중 시인의 문학강연을 가졌다.

◀ 서부도서관 1층 로비에서 시집도서전을 열다.

송년문학제를 프린스호텔에서 열다. 시로 행복하자 선집 2『행복, 詩로 답하다』, 연간작품집『대구의 시』출판기념, 제27회 대구시협상 시상식을 가지다(12월 21일). ▼

2018

▲ 대경한정식에서 열린 2018년 총회에서 14대 윤일현 회장을 선출하다(1월 30일).

봄 문학기행을 안동 병산서원, 봉정사, 영주 무섬마을 일원을 다녀왔다. 병산서원에서 장옥관 시인의 야외 문학세미나 「강의목눌, 경상도 미학의 밑자리」 강의가 있었고, 많은 회원들의 참석으로 성황리에 마쳤다(4월 21일).

▲ 중앙도서관 가온갤러리에서 '흙과 불로 빚은 시' 도예전(11월 4일)

▲ 〈2018 대구시의 날〉 공연을 사문진나루 유람선을 타고 선상시낭송과 공연을 하다(11월 2일).

◀▼ 송년문학제를 그랜드호텔에서 열고 연간작품집 『대구의 시』 출판기념회와 시협상 시상식, 신입회원 환영회를 겸한 송년의 밤을 가졌다(12월 19일).

2019

▲ 봄 문학기행을 전남 구례군 운조루와 사성암, 구례군 농업기술자연생태관을 관람하며 눈부신 봄날을 만끽하다(4월 6일).

〈야외로 간 이사회〉를 35명이 참석한 가운데 해인사에서 열리다 ▲ (7월 6일).

▲ 〈2019 시의 날〉 행사를 용학도서관의 협조로 1층 로비에서 '시인들의 가을 바람전' 부채 시화전을 기획 전시하다(10월 31일).

〈찾아가는 시음악회〉를 월광수변공원에서 많은 시민들과 회원들이 함께 문학적인 분위기에서 시집을 나누며 유익한 한 때를 보냈다(9월 28일). ▼

▲ 사문진나루터 피아노 무대에서 시민들과 함께하는 〈2019 대구시의 날〉 공연을 가지다(11월 2일).

▲2019년 송년문학제를 그랜드호텔에서 열고 『대구의 시』 출판기념회와 시인협회상 시상식 및 첫시집 출판기념회를 겸한 송년의 밤을 가지다(12월 18일).

2020

코로나19로 모든 행사가 취소되는 가운데서 어렵사리 제형면옥 범어점 대구시협 이사회를 열어서 현안들을 처리하다(7월 16일). ▶

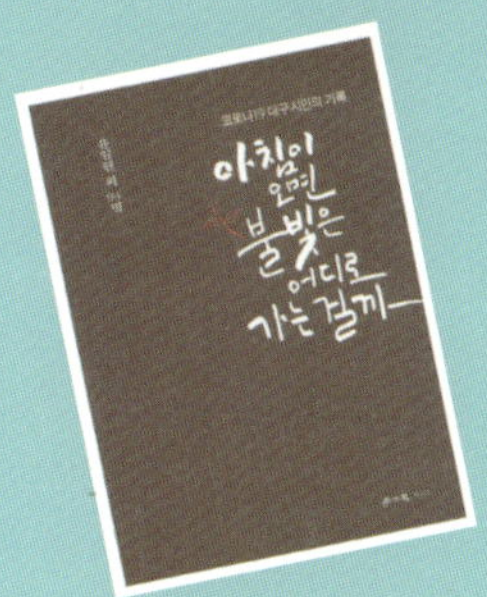

코로나19 대구시협 앤솔로지 발송(7월 1일) ▲

대구시협 30년사 특별좌담 모습(지성학원문화센터 이사장실, 10월 27일) ▲

| 대구시협 행사 리플렛 |

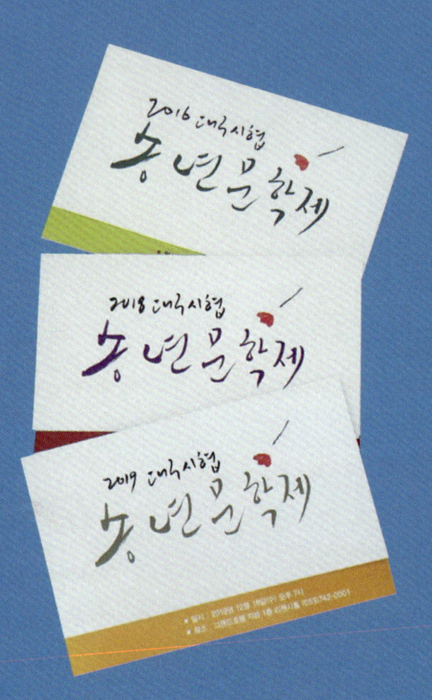

2016 대구시협
송년문학제
2018 대구시협
송년문학제
2019 대구시협
송년문학제

달빛 문학 캠프
시낭송집
대구시인협회

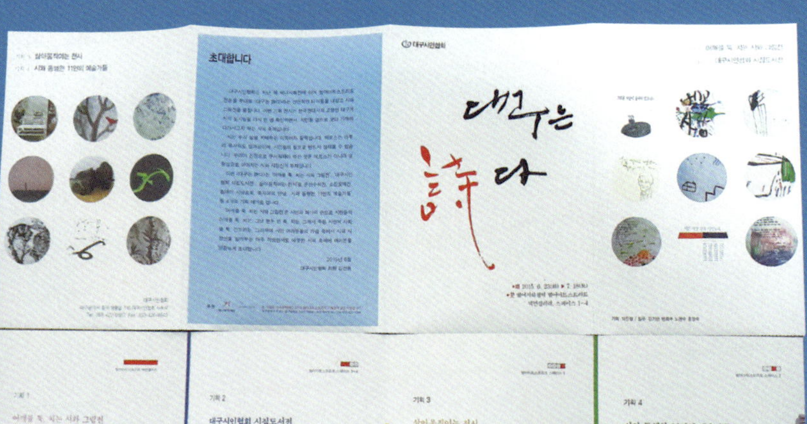

초대합니다
대구시인협회
대구는 詩다
기획 2
대구시인협회 시집도서전
기획 3
살아움직이는 전시
기획 4
시와 동행한 11인의 예술가들

낙동강에 詩의 배를 띄우다

노을 비친 가을강에 詩를 보내다

2017 대구시인협회 작은세미나

물과 숲의 생명시학

주최 · 영원무역 | 주관 · 대구시인협회

시민과 함께 하는 팔공산

달빛 문학 캠프

— 시낭송 · 출판기념회 · 공연

대구시인협회

대구

2014 대구 시민·학생을 위한 시의 날 축제

대구시인협회

시민과 함께하는 2017 시의 날 축제

대구의 詩로 행복을 꿈꾸다

■때 / 2017. 11. 4(토) 오후 5시

■곳 / 대구광역시립서부도서관 갤러리

주최 대구시인협회 · 대구광역시립서부도서관

영남일보 초대

詩로 행복하기

銅版詩展

■때 : 2016. 10. 31(월)~11. 5(토)

개막식 10. 31(월) 오후 6시

■곳 : 영남일보 지하 2층 갤러리

시민과 함께하는 2019 시의 날 축제

대구의 시, 가을 바람전

■일시 : 2019년 10월 31일(목)~11월 3일(일)

■장소 : 용학도서관 1층 갤러리

시민과 함께하는 2019 시 음악회

가을밤, 시를 노래하다

때 : 2019. 9. 1(일) 오후 5시

곳 : 대구문화예술회관 야외무대

주최 대구문인협회 | 후원 대구광역시

시민과 함께하는 2019 시 음악회

가을밤, 다시 詩를 노래하다

때 : 2019. 9. 28(토) 오후 5시

곳 : 월광수변공원

주최 대구문인협회 | 후원 대구광역시

'95 — 대구의 詩 | '95 대구시인협회 연간작품집 5

[목차]

'94 연간작품집

별들과 함께 지상으로

대구시인협회

제4회 대구시협상 수상자
이정우신부

대구시인협회
'92 연간작품집
추억의 머플러

도서출판 항토

대구시인협회
'93 연간작품집
결고운 길 따라

대일

Poetry of Daegu

대구의 詩

1995 연간작품집

제5회대구시협상수상자결정
수상자/
시인 배미혜

대구시인협회

Poetry of Daegu

대구의 詩

1996 연간작품집

제6회대구시협상수상자결정
수상자/
시인 손진은

대구시인협회

2005 연간작품집

대구의 詩

Poetry of Daegu

대구시인협회

2006 연간작품집

대구의 詩

Poetry of Daegu

대구시인협회

2004 연간작품집

대구의 詩

Poetry of Daegu

대구시인협회

대구의 詩

Poetry of Daegu 2009 연간작품집

대구시인협회

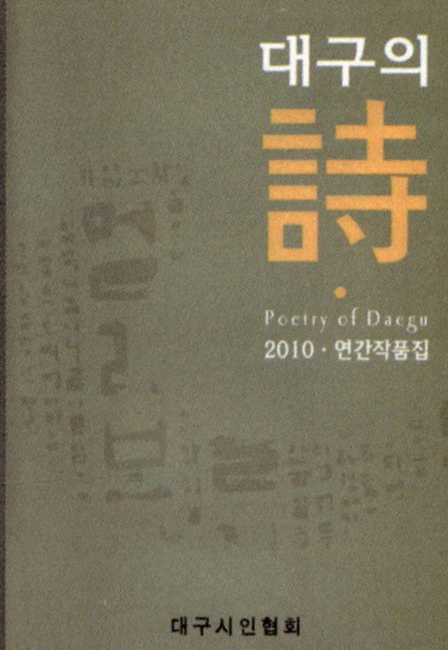

2011 · 연간작품집

대구의 詩

Poetry of Daegu

대구시인협회

대구의

제30회 대구시인협회상 송진환

신작 특집 박경한 박숙이 서영처 김종근 윤은희

2020 대구시인협회를 빛낸 시인들

변희수 이해리 김용락 서 하 안윤하

회원시 / 신간 시집

대구의 詩 2020년 연간 작품집 통권 30호

편집 위원 : 김상윤 최애란 차회분

대구의 시문학 80년

대구시인협회 편

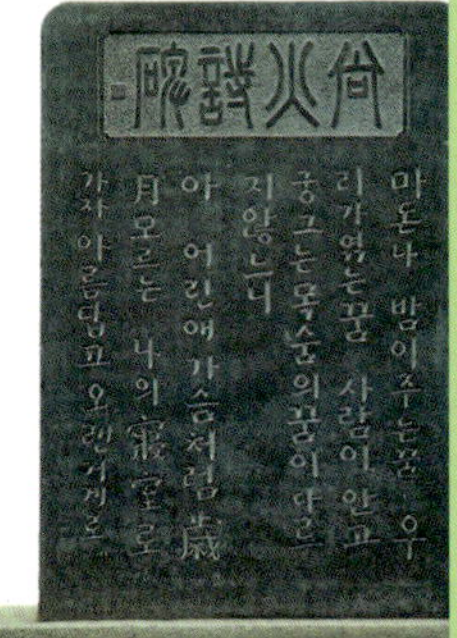

만인사

시와 행복
대구시인협회 소식
2016 여름
cafe.daum.net/dgpoetry

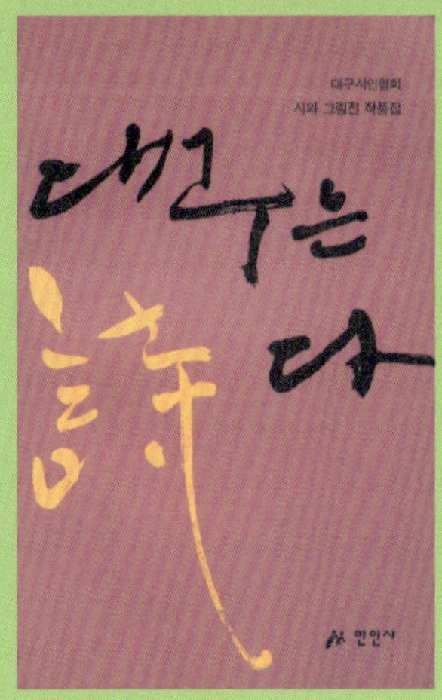
대구시인협회
시와 그림전 작품집
대구는 詩다
만인사

물과 늪의 생명시학
만인사

대구시협 부채전 시화집
대구의 시, 가을 바람전

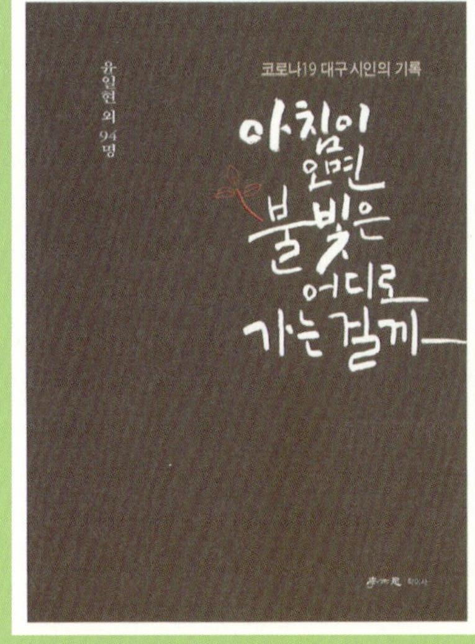
유일현 외 94명
코로나19 대구 시인의 기록
아침이 오면 불빛은 어디로 가는 걸까

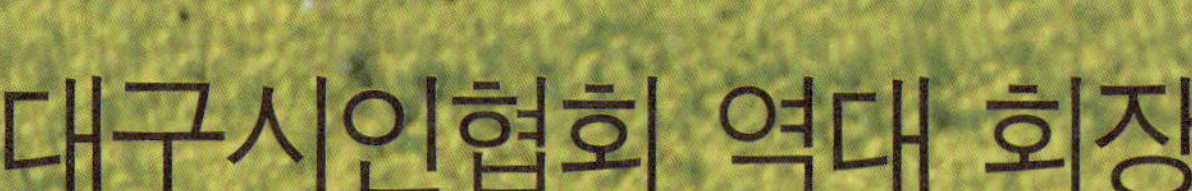

대구시인협회 역대 회장

제1대 권기호

제2대 이기철

제3대 서종택

제4대 이태수

제5대 박정남

제6대 이진흥

제7대 이하석

제8대 문인수

제9대 이구락

제10대 김세웅

제11대 박영호

제12대 김선굉

제13대 박진형

제14~15대 윤일현

| 특집 좌담 |

대구시협 30년 역할과 책무, 그리고 전망

일 시 2020년 10월 27일 오후 3시

장 소 지성교육문화센터 이사장실

참석자 대구시협 고문_ 이기철, 이하석, 박정남, 이구락
회장_ 윤일현

진 행 30년사 편집위원장_ 박태진

기록·촬영 사무국장_ 박언숙, 편집국장_ 김상윤

1. 1991년~2020년, 30년을 돌아볼 때

박태진 대구에 처음으로 시인협회가 창립되었던 그 당시, 사회와 문단의 분위기가 대구의 시인들로 하여금 시인협회를 잉태하고 분만하게끔 하는 분위기였는지 궁금합니다. 무언가 역동적이고 안에서부터 꿈틀대는 것이 있었을 것 같습니다.

이기철 청마, 목월, 김춘수, 신동집 같은 시인들이 대구에서 활동하던 시대를 지나고, 한국문단이 대체로 이념지향적인 문학으로 치닫고 있을 때, 비교컨대 대구문단은 늪의 물처럼 가라앉아 있는 분위기였습니다. 개인적으로는 이런저런 활동을 하는 분들이 있긴 했지만 이렇다 할 성과에는 미치지 못하는 상황이었지요. 거기에서 그래도 명맥을 이을 만한 동인지가 나와 조금은 활기를 되찾는 기분을 진작시킨 때가 있었습니다. 그 동인지가 1976년에 나온 《자유시》였습니다. 아전인수가 될는지는 모르겠으나 〈대구시인협회〉도 《자유시》 동인이 주도적인 역할을 했다고 해야 할 것 같습니다. 본래, '학문과 예술의 도시'라는 이름으로 알려진 대구가 너무 침체된 모습을 보이는 것은 의식 있는 젊은 시인들의 각성을 촉구하는 장이 되고 있었지요. 말하자면, 정치보다 더 중앙집권적인 패권을 누리고 있는 서울 문단에, 적어도 작품 활동으로는 뒤져서 안 된다는 각성 같은 것 말입니다. 그때 우리 대구의 젊은 시인들은 서울 이외의 지역은 경쟁상대로 생각하지 않았습니다. 때마침 같은 연령층의 사람들로 구성된 동인지 《반시》가 서울에서 나왔고, 같은 해에 대구에서 30대의 시인들이 모여서 낸 동인지 《자유시》가 나온 것도 그런 분위기 때문이었습니다. 지금 나는 《자유시》 창간

호를 펴놓고 창간 동인들의 명단을 보고 있습니다. 박정남, 박해수, 이경록, 이기철, 이동순, 이태수, 이하석, 정호승(가나다 순)이 창간동인이었습니다. 이들은 모두 맨 주먹이었지만 열정은 활화산 같은 젊은 나이였지요. 이들은 시내 곳곳에서 자주 만나 어떤 움직임, 말하자면 눈에 뜨일 문학 활동이나 '詩誌' 같은 것을 하자고 숙의를 하곤 했지요. 그런 힘과 열정이 한 세대 선배인 권기호 시인과의 합의로 마침내 〈대구시인협회〉가 창립되게 된 것입니다.

박정남 1976년 대구에서 《자유시》 동인이 결성되었을 때 저 혼자 여성시인이었어요. 그 당시만 해도 대구에 여성 시인들이 몇 분 없었는데 지금 대구시인협회는 회원 230명 중에 절반 정도가 여성이지요. 참 많은 변화를 느낍니다. 이기철 선생님 말씀대로 그 때 젊었던 우리는 열정적이어서 자주 모이고 시 쓰기에도 전력을 다했던 기억이 납니다. 《자유시》 동인이 대구시인협회 창립에 큰 동력이 되었다는 말씀에 공감합니다.

이하석 70~80년대를 지나오면서 대구지역의 시인들 숫자가 크게 늘어났지요. 이를 두루 수용할 울타리의 필요성과 욕구가 강해진 게 그 무렵이 아니었나 싶어요. 권기호 선생 등이 발의를 하고 이에 젊은 시인들이 가세하면서 모임이 구체화되었지요. 명칭 중 협회라는 말이 붙는 게 타당한지에 대한 논의도 있었으나 서울의 한국시인협회를 의식해서 그대로 채택되었지요. 아울러 민주화 열망의 시기를 지나오면서 중앙문단 추종이 아닌 문학의 지방자치에 대한 관심이 커진 것도 한 원인일 수 있습니다. 아무튼 이 시기에 대구의 많은 시인들이 여러 방면에서 활기찬 활동을 전개하고 있어서 지역 시단의 면모를 확연히 드러내보고자 하는 욕구가 컸던 듯해요. 기존의 문협과 협조를 하면서 한편으로는 대구 시단을 확실하게 구축하려는 의지가 강했던 게지요. 많은 시인들이 가졌던 시인들만의 독립적인 단체를 꾸리자는 열망 속에는 지역 시단에 대한 자부심도 상당히 작용했으리라 생각합니다. 그래서 비교적 많이 호응했고, 초기의 일부 잡음에도 불구하고 큰 어려움 없이 무난하게 출발이 됐다고 기억됩니다.

이구락　권기호 회장이 시협 창간사에 "대구는 시인의 고향이며, 하나의 성지다. 일찍이 영남학파의 정신적 뿌리로부터 일제하 식민지 시대를 거쳐 오늘에 이르기까지 뜨겁고 냉철한 시혼을 불사른 시인들이 쉼없이 맥을 이어온 고장이다."로 글을 시작했던 내용이 아직도 기억이 납니다. 그 당시는 80년대 민중문학이 해체 분열되면서 역사나 시대에 대한 관심이 개인의 일상과 서정으로 돌아서는 시기, 즉 거대 담론이 미세 담론으로 방향을 튼 시기였습니다. 김수영의 참여시와 김춘수의 순수시가 관심에서 멀어지고 다양화 또는 문명의 탈중심화(포스트모더니즘, 해체시, 생태시, 여성시—대구 여성시인들의 성과 등) 현상이 나타났습니다. 초대 회장의 앞의 말씀은 획일성에서 벗어나는 현상의 연장선상에서 중앙집중화에서 벗어나 대구의 저력과 내공을 길러야 한다는 데에 방점을 둔 것 같습니다. 소설의 대중화에 밀려 시가 소외되는 조짐에 대해서도 일격을 가하자는 뜻도 포함해서요.

윤일현　1987년 6월 항쟁 이후 점진적으로 진행된 민주화, 90년대를 전후하여 활발하게 전개된 다양성의 중시와 탈중심 포스트모더니즘 담론의 활성화는 우리 문화계 전반의 지형을 바꾸게 하는 논거와 동력을 제공했습니다. 90년대는 가장 로컬한 것이 가장 글로벌하고, 가장 지역적이고 특수한 것이 가장 보편적인 가치를 가진다는 자각이 확산되던 시기였습니다. 대구시인협회도 이런 시대적 분위기 속에서 만들어졌을 것입니다. 지역에서는 1992년에 『시와반시』, 1994년에 『사람의 문학』이 창간되기도 했습니다.

박태진 푸른 꿈을 안고 창립된 시인협회가 처음 당시에 추구했던 목표는 무엇이었고 그 목표를 향해서 어떻게 활동하며 매진하였는지 궁금합니다.

이기철 모든 협회가 그렇듯이 처음에는 〈대구시인협회〉가 이렇다 할 목표나 기치를 내세우지는 못하고 출발을 했습니다. 우선 재정적인 기초가 마련되지 않았고 또한 자족적이고 개인적인 활동인 문학의 생리를 넘어서지 못했기 때문에 그 활동은 작고 조용하게 진행이 되었던 것 같습니다. 일종의 동인이나 구락부(俱樂部)의 수준이었다고 하면 되겠지요. 그땐 회원 명부도 작성되지 않았고 회원 수도 4~50명 정도에 불과했다고 생각됩니다. 당시엔 시인 모두가 '나는 대구시인협회의 회원이다'라는 의식도 별로 없었고, 또한 시협 주관의 대외행사도 없었습니다. 그것이 1991년과 1992년까지 초대회장을 하신 권기호 시인의 시절이었습니다. 그러나 권기호 시인은 황무지에 깃발을 꽂은 시인임은 기억할 필요가 있습니다.

그러던 차 1992년 초겨울 어느 날 오후, 권기호, 이태수, 양치상 시인이 나를 향촌동 어느 조그만 음식점으로 나오라 해서 영문도 모르고 그 자리에 나갔더니, 무작정 나더러 '시협 회장'을 맡으라는 것이었어요. 나는 당시 영남대 부교수이자 문과대 부학장(교무담당) 직을 맡고 있었고, 교수로 승진을 하려면 한 해에 한 편의 논문을 제출해야 하는 형편이었기 때문에 그런 권유를 극구 사양했지요, 그러나 그 분들은 이미 자기들대로의 결정을 하고 나온 복안을 밀어붙여 더는 피할 수가 없었습니다. 그래서 내가 1995년 1월, 뉴욕주립대학(Stony Brook)에 연구교수(Research Prof)로 떠날 때까지 2년 동안 그 임무를 수행했습니다. 내가 권기호 회장으로부터 2대 회장을 넘겨받았을 땐 회원 명부나 회칙도, 회계장부도 없었어요. 그러니까 전적으로 새로이 출발한다는 마음으로 그 일을 했습니다. 내가 회장의 일을 수행한 1993~1994년 2년 동안 나는 대봉동 '대백플라자 광장'과 그 주위의 거리에서 '거리시화전'을 했고, 대백플라자 구정모 회장께 부탁해서 대백플라자 1층 대합실에서 '문학의 밤' 행사를 개최했습니다. 그때 나는 서울을 제외한, 광주, 대전, 부산 통영의 시인들을 초청했지요. 그리고 '대구 시협'으론 처음으로, 〈시인대학〉을 개설했습니다. 돈도 없고 장소도 없어 박영호 시인(외과의사)에게 부탁, 그 건물 지하층(한쪽은 탁구장)을 빌어 강의를 시작했지요. 첫 출발을 한 〈시인대학〉은 꽤나 성과가 있어서 수강생이 20명 정도 되었지요. 아마도 이것이 《시와반시》의 '시인대학'의 모태가 되지 않았나 싶습니다. 그리고 내가 미국에 가서 들으니까 3대 회장으로 서종택 시인이 선정되었다고 하더군요.

이하석　시인협회는 시인들 간의 친목 도모가 우선됩니다. 그 점이 강조됐지만, 동시에 시인들끼리 모여 그 고유의 활동 폭을 넓히려는 욕구도 강했겠지요. 함께 하면 힘이 된다는 말을 실현시키려는 열망이 작용했다고 봅니다. 그러한 열망이 초기부터 시인대학을 개설하여 지역 시인들의 실력 향상은 물론 새로운 시인들의 육성이라는 의미 있는 사업을 구상한 게 아니었나 싶어요. 또한 소식지를 겸한 대구시인협회보를 창간하고, 시의 날 행사를 적극적으로 펼쳐 대구 시단의 건재를 내외에 널리 알리려 했지요. 꾸준히 이루어진 연간 작품집의 발간과 대구시협상 수상자 배출 등에서 대구 시단의 부피와 깊이가 잘 드러났다고 생각합니다.

이구락 '대구시인협회'라는 명칭을 달면서도 40여 명만의 회원으로 출범한 속뜻은 한국시인협회와 작가회의의 양분상태를 의식했던 것 같아요. 반목 없이 정겨운 친목 도모와 회원간의 상호 창작에 대한 격려에 주력했지요. 두 단체를 아우르는 노력의 한 예로 〈대전지역문학의 발전방안 모색〉을 위해 대전작가회의와 대전문인협회의 공동 심포지움이 작년에서야 겨우 처음 열려 언론의 큰 주목을 받을 정도로 이 문제는 지난한 과제입니다. 그래서인지는 모르겠습니다만 대구시협은 1~3대 때는 가족적 분위기의 소규모 회원 유지에 신경을 많이 썼어요. 또 '대구의 시'에 대한 대구 시인들의 엄청난 자긍심의 발로가 '한국시인협회 대구지부'가 아닌 독자적인 독립단체임을 강조한 '대구시인협회'를 탄생시킨 것이지요, 이것의 장단점이나 의전상의 불편이나 불이익을 떠나 한국문단 속에서도 대구시인협회만이 가지는 개성적인 전통으로 굳어졌으면 좋겠습니다.

윤일현 대구시협이 창립된 후 저는 1995년에 가입했습니다. 개인적으로 늦게 작품 활동을 시작했기 때문에 그 때 시협에 들어왔습니다. 선배들은 이미 한국 시단에서 대단한 명성을 가지고 있었고, 나와 비슷한 연령대의 시인들도 우리 시단에서 두각을 나타내고 있었습니다. 봄철 야유회, 세미나 등에 참석하면 선배들이 이야기도 많이 해 주고, 시를 잘 쓰기 위해서는 어떤 노력이 필요한가에 대한 조언도 해주었습니다. 처음 시협 행사에 갔다가 뒤풀이 시간에 권기호 선생님 옆에 앉았습니다. 선생님께서 술잔에 술을 가득 따라 주셨는데 입만 대고 술잔을 탁자 위에 놓자 "자네 술 못 마시나, 좋은 시 쓰기는 어렵겠다."라고 하시던 말씀이 아직도 기억에 생생합니다. 선생님은 만날 때마다 이런저런 말씀을 많이 해 주셨습니다. 그때는 회원 수가 많지 않아 선배들이 후배를 잘 끌어 주었습니다.

박태진　질문 2와 관련하여 그동안 시협 내에서의 변화를 10년 단위로 끊어서 생각해 본다면 앞으로의 어떤 변화들이 있어왔을지 궁금합니다.

이구락　대구시인협회가 지난 30년간 해온 역할을 인위적으로 10년 단위로 나눈다는 것은 큰 의미를 부여할 수 없어요. 그보다는 1~5대 회장(11년, 서종택 회장이 유일하게 3년 재임함) 때는 초기 분위기가 그대로 유지되면서 친목과 소통이 아주 좋았고, 6~10대 회장 때는 여러 가지 행사가 축적된 경험으로 원만하게 잘 이루어졌고, 11~14대 회장 때는 야외 퍼포먼스 같은 시민 속으로 뛰어드는 행사가 돋보이는 경향을 보였다고 생각합니다.

이하석　행사 면에서 기본적으로 크게 변화된 것 없이 대구시협 고유의 행사와 사업들을 꾸준히 열성적으로 펼쳐 보여 왔다고 생각합니다. 다만, 시일이 지나면서 회원 수가 많이 늘어나 행사 규모도 눈에 띄게 커진 감이 있습니다. 회원들의 욕구가 커지면, 그만큼 할 일도 늘어나지요. 특히 날이 갈수록 질 좋은 작품집(시집)들이 매년 많이 발간되어 대구시협의 면모를 일신하고 있는 듯하여 뿌듯함을 느낍니다.

윤일현 사실 시협은 초창기 창립 멤버들의 카리스마에 휘둘려(웃음) 후배들은 끽 소리도 못하고 따라 간 측면이 많습니다. 지금 돌이켜 보면 후배들은 선배들의 공과를 발전적으로 극복하려고 하지 않았고, 선배들도 후배들을 적극적으로 밀어주지는 못한 것 같습니다. 물론 창작이란 궁극적으로는 혼자서 하는 고독한 작업이긴 하지만. 가능성 있는 신인이 나타날 때 선배들이 적극적으로 문단에 소개도 해주고 발표지면도 마련해 주는 등의 후원이 타 지역과 비교해 볼 때 좀 부족하지 않았다 싶기도 합니다.

이기철 10년을 단위로 하고 생각하기는 우리의 기억이 한계가 있습니다만, 1996년 2월, 내가 귀국해서 '시협'에 나가보니, 서종택 회장이 동아백화점 10층의 홀을 빌려 성악가 임웅균(테너)을 초청해서 음악회를 열고 있더군요. 서회장이 나름대로 행사를 개최하는 모습이 보기에 좋았고, 이어서 서회장은 야유회 등을 개최하면서 시협의 분위기를 고양시켰어요. 이후, 이태수 시인이 회장을 맡으면서 그동안 합류하지 않고 자체활동을 하던 '참여' 쪽 시인들을 영입해서 회원의 수가 확장되었습니다. 이후 박정남 시인이 회장을 하면서 『시인의 초상』이라는 큰 책을 내었고, 이하석, 이진흥, 이구락 시인들이 이어서 시협의 활동 영역을 넓혔던 것 같습니다. 역대 회장들은 모두 1년에 한 번씩 야유회를 가졌고 강연회도 함께 했습니다.

특히, 10년 단위로 시협의 활동을 되돌아볼 때 특히 기억할만한 일은, '대구시협상' 제정이 아닐까 합니다. 이 상이 제정된 시기는 정확히 기억하지 못합니다만, 올해로 30 회째가 되는 '시협상' 제정은 그나마 큰 공적이고 참 잘한 일이라고 생각합니다.

박정남　예, 제가 제5대 회장을 하게 되고 2002년 '대구의 시문학 80년'을 기념하는 『시인의 초상』을 냈는데 그 때 시협에 재정이 없어서 모든 회원들에게 책을 돈 받고 파는 형태로 출판해야 했습니다. 지금 돌아보니 참 힘들었지만 보람이 있었다는 생각이 듭니다. 1920년대의 이상화 시인을 비롯해 당해까지 도합 205명의 사진과 육필시, 프로필을 담은 813쪽의 방대한 책이었지요. 어떤 분들은 『시인의 초상』 책이 너무 좋아서 시협 회원이 아닌데도 만인사에서 직접 사 가기도 했다더군요. 올해 시협 창단 30년 기념으로 집행부에서 하고 있는 '대구시인협회 30년사' 작업도 뜻깊은 일이라고 봅니다.

박태진　그렇다면 문화 사회적인 측면, 개인의 자아 완성적 측면, 그리고 국내외적 대구 시단의 기여와 입지 측면 등등을 생각해 보았을 때, 어떻게 정리해볼 수 있을지 궁금합니다. 긍정적으로 기여했던 점과 만일 그렇지 못했던 점이 있었다면 무엇인지요?

이구락　사회 문화적 측면으로 보았을 때 해가 거듭할수록 뛰어난 업적을 이루어내는 회원들이 많아졌다고 생각합니다. 각종 수상자들이 줄을 잇고 있으며, 시민들에게도 대구시협의 존재를 각인시키고 있습니다. 흔히들 대구를 '시의 도시'니, 한강 이남에서 가장 빛나는 든든한 시단을 가진 도시라고 하기도 하지요. 하지만 아쉬운 점은 다른 지역이나 이웃 나라의 시인단체와의 교류의 물꼬를 터 나갔으면 하는 것입니다. 그리고 시협에 봉사와 애정을 보여주는 시민을 명예시인으로 선정해 함께 시를 즐기는 풍토를 확장해나가면 더욱 '시의 도시'로서의 이미지 구축에 좋을 것 같습니다.

윤일현 제4차 산업혁명의 시대를 맞아 우리는 미래를 쉽게 예측하기 어려운 문명사적 전환기를 맞이하게 되었습니다. 이제 폭력적 패권주의, 재앙적인 중앙집중적 지배 원리는 서서히 힘을 잃고 있습니다. 개인이나 집단 어느 쪽이든 상생과 공생의 원리를 받아들여야 상호 공멸에서 벗어날 수 있습니다. 권위적인 시대의 의사소통은 수평적이라기보다는 수직적이었습니다. 이제 지배적 의사소통 형식은 일방향에서 쌍방향으로 전환되었습니다. 개인은 정보와 메시지를 일방적으로 전달받는 수동적 소비자에서 정보와 메시지를 함께 생산하고, 주요한 의사결정에 참여하는 적극적인 주체로 바뀌고 있습니다.

지금은 개인의 가치와 자아실현을 중심에 두지 않고서는 아무 것도 성취할 수 없는 시대입니다. 어떤 사회적 단위나 조직도 자기실현을 위해 자발적으로 참여하는 개인의 지적 잠재력과 협력을 활용하지 못하면 효율이나 발전을 기대할 수 없습니다. 사회운동에서조차도 집단 정체성만을 강조하며 조직에 맹목적으로 충성하라고 하던 시대는 막을 내리고 있습니다. 사회운동 참여과정이 개인적 정체성에 부합하고 자아실현을 도울 때만 사람들은 적극적으로 그 운동에 참여합니다. 시협과 회원의 관계도 마찬가지입니다. 이하석 고문님이 지적한대로 시협은 이벤트 위주의 행사보다는 시인 중심의 활동으로 퀄리티 높은 행사를 해야 합니다. 시인협회는 앞으로도 '작은 것이 아름답다'는 고전적인 가치를 지켜나가는 운동을 더욱 활성화시켜야 할 것 같습니다. 이하석 고문이 시작해서 지난해까지 진행했던 '저녁의 시인들', 지난해부터 지금까지 이어지고 있는 '이달의 시인' 시인이 중심이 되어 진행한 '찾아가는 시음악회' 같은 작지만 울림이 큰 행사를 기획하는 창의력은 코로나 이후에는 더욱 필요할 것입니다.

이하석　무엇보다 대구 시단의 정체성이 날로 뚜렷해지는 느낌을 갖습니다. 회원들의 작품 생산을 북돋우고, 이를 고무시키는 집행부의 노력의 결과이기도 하지만, 회원 각자의 시에 대한 열망이 회원 상호간의 선의의 경쟁으로 증폭되어서 좋은 작품들로 나타나기 때문이겠지요. 전국 어느 도시의 시단과 비교해도 대구 시단의 면모는 확연히 구분이 될 정도이고, 더욱 뚜렷해짐을 느끼게 되는데, 이것이야말로 대구시인협회가 꾸려온 대구 시단의 가장 확실한 역사의 힘이라고 생각합니다.

이기철　지금은 어느 도시, 어느 지역이든 그 지역의 이름을 딴 문학상이 있습니다. 말하자면 문학상이 보편화된 시대라 할 수 있지요. 나는 '시협상'의 심사를 여러 번 한 경험이 있는데, 해마다 상을 받을만한 작품집이 끊이지 않고 나오고 있다는 희망적인 모습을 보았습니다. 내 기억으로는, 여느 상들은 가끔 상에 따르는 불협화음이 생기기도 하는데 대구시협상은 그런 점에서 자유로운 상이 아닌가 합니다.

아직도 시인들의 각고와 노력에 비하면 상금이 너무 초라하다는 아쉬움이 있긴 합니다만, 이런 문제는 차츰 개선되리라고 봅니다. 상이라는 게 꼭 상금에 의해 권위가 주어지는 것은 아닌 만큼, 이 상은 대구 시인으로는 명예스러운 상이리라고 나는 생각합니다. 상을 받고 나면 새로운 각오로 시에 정진하게 되는 체험을 시인 모두가 해본 일이 아닙니까. 상은 주는 사람도 즐겁고 받는 사람도 기쁜 것이어야 합니다. 그런 점에서 상의 부작용이나 잡음은 시인으로서는 너무도 아쉽고 불명예스러운 것입니다.

2. 앞으로의 전망

박태진 30년을 돌아보았을 때 지금부터라도 대구시인협회가 더욱 노력해야하는 부분이 있다면 어떤 부분이 있을까요?

이하석 무엇보다 회원들 개개인들이 서로 챙기고 격려하면서 함께 일을 도모하는 단합된 힘을 잃어서는 안 되겠지요. 그리고 행사를 위한 행사를 지양하고, 규모가 작더라도 보다 실질적인 행사들이 많아졌으면 합니다. 예를 들면, 최근 들어 회원들의 시집들이 많이 출간되는 데다 내용이 아주 충실하고 그 개성들이 빛나는 경우가 많은데, 그런 결실들을 그냥 한 데 모아 박수나 치는 연례행사로 형식화해서는 안 되겠다는 거지요. 좋은 시집들이 출간하면 소규모라도 북 토크나 낭송회 등을 열어서 그 시인을 초청, 함께 작품을 읽고 공감하는 자리가 필요합니다. 그런 자리 마련에는 특별하게 돈이 드는 것도 아니어서 얼마든지 자주 열어도 좋다고 봅니다. 시인들의 작업의 결과물인 텍스트들에 구체적으로 공감하면서 격려하는 자리가 자주 마련되는 게 지역 시인들의 작업을 확실하게 챙기는 일이라고 생각합니다.

이기철 시인협회라는 이름이 시인들이 활동하는 '광장' 혹은 '공공장소'가 아닙니까? 시를 쓰는 일은 은밀하고 개인적인 일이지만 그것을 함께 향유하고 전달하고 즐기고 행사를 열어 적절히 사용하는 일이 시인협회가 하는 보람찬 일 아닙니까. 지금 '시협상' 외에 또 하나의 '작품상'이 마련된다는 말도 들었습니다만, 이런 일들은 안 하는 것보다 많이 하는 것이 고무적인 일입니다. 내가 '시협'을 맡고 있을 때 회원이 100명 정도였는데 지금은 230명을 상회하고 있다면, 그 큰 식구들에게 골고루 보람과 희망을 줄 수 있는 기회를 마련할 수 있으면 좋지 않겠습니까. 이런 일들을 현재의 윤일현 회장이 사려 깊게 기획하고 있는 줄 알고 있습니다.

이구락 무엇보다 먼저 내부적으로 내실을 다지는 일입니다. 대외행사보다 회원의 친목과 창작 욕구를 북돋우기 위해 작은 만남의 기회를 자주 만들어야 한다고 봅니다. 우정이 두터워지면 회원 간의 질시 반목이 지양될 것이고, 그러한 순기능이 결국 자신의 문학과 인격을 고양시킬 것이라는 믿음을 가져야 할 것입니다.

윤일현 회원 수가 얼마 되지 않을 때는 어떤 문제가 발생하더라도 큰 갈등이나 마찰 없이 조직을 관리하고 끌어갈 수 있었습니다. 이제 회원이 200명이 넘고 시대가 달라졌기 때문에 좋은 게 좋다는 식

으로는 시협을 끌어갈 수가 없습니다. 그렇다고 시인협회 같은 조직에 정치적인 발상과 방식을 적용하는 것도 바람직하지 않습니다. 어떤 경우든 시협은 회원 상호간의 친목이 일차적으로 중요한 친목단체입니다. 사회가 많이 바뀌어 이제 시인의 사회 참여가 늘어나고 있습니다. 시협은 시인의 중요성을 사회에 알리면서 회원의 권익을 대변할 수 있는 역할도 해야 합니다.

대구시협은 창립 30년을 맞이하여 시협을 더 강하게 효율적으로 만들 수 있는 시스템을 마련해야 합니다. 회원을 분열시키지 않으면서도 리더십이 있는 회장 선출을 위한 회칙 개정을 포함하여 회칙 전반을 정비해야 합니다. 저는 대구시협만은 문학을, 시를 중시하는 사람들이 모이면 좋겠습니다. 그래서 입회 자격을 좀 더 엄격하게 할 필요가 있다고 생각합니다. 기본적인 자질과 역량이 되는 분들을 받아들여야 한다고 생각합니다. 그래서 입회 절차도 손을 봐야 합니다. 그리고 대구시협상도 조금 더 다듬어야 할 필요성이 있는 것 같습니다.

박태진 30년간 정치 경제적으로, 문화 사회적으로 많은 변화가 있었습니다. 특히 SNS의 발달과 AI 출현으로 문학계는 지진을 겪고 있습니다(SNS시인, 인공지능이 쓴 시 등). 그런데 현재 코로나19로 인해 앞으로 예측하지도 못할 변화가 있을 수 있다고 합니다. 대구시인협회의 앞날을 어떻게 내다보고 계획을 짜고 목표를 정하고 나아가야할까요?

이기철 이 문제는 누구도 예단할 수 없고 섣불리 말하기도 어렵습니다. 그러나 시는 컴퓨터가 할 수 없는 미려한 감성의 발로를 언어라는 그릇에 담는 것이므로, AI로는 도저히 할 수 없는 영혼의 전언을 하는 예술영역입니다. 비록 어느 날, 어느 때가 되면 오류가 되는 일일지라도 백년, 이백년 앞을 내다보고 미래를 점치고 노래하는 시도 가능합니다. 구세기 인류의 삶을 바꿔놓은 위대한 사상가 마르크스의 이론도 세기가 지나서는 수정되어야 했고, 미래소설가 조지 오웰은 한 세기를 내다보는 혜안으로 『1984』을 썼지만 그 소설 역시 많은 부분에서 오류가 발견되고 있지 않습니까. 그러나 설령 거기서 오류가 발견된다고 하더라도 그것으로 문학적 잘못이라고 말할 수는 없습니다. 그만한 미래의 비전을 마르크스나 오웰은 하늘에 뜬 송골매의 눈으로 조감하고 예시했던 것입니다. 시인들의 감수성도 어디에서 그치거나 멎어서는 안 됩니다. 오류를 내어서 나중엔 비웃음을 산다고 해도 그것을 두려워할 필요는 없습니다. 코로나19 역시 마찬가지입니다. 코로나 사태에 대한 많은 작품이 씌어졌지만, 아직은 만족한 작품은 나오지 않았습니다. 시대의 불행은 시인의 행복이라는 말이 있지 않습니까, 세계의 걸작은 모두 시대의 간난과 역경을 딛고 나온 것입니다. 유독 대구가 코로나19의

희생양이 된 듯하지만, 그것으로 인해 대구에서 위대한 문학작품이 생산된다면 전화위복이 되는 것이 아니겠습니까. '대구시협'에서는 아무리 어려운 여건에 처해진다 하더라도, 모쪼록 회원 상호간의 우의증진과 나아가 작품을 위한 생산적 기회를 나누고 부여하는 일을 기획하고 실천하는 것이 중요하다고 생각합니다.

이하석　코로나19로 인해 모든 사회 문화적 활동이 크게 위축되고 있는 상황에서 대구시인협회의 활동도 예외 없이 위축되어 있는 게 안타깝습니다. 그런 가운데 대구시인협회는 코로나19의 상황에 대한 회원들의 대응을 앤솔로지 발간으로 엮어낸 기민함과 현실에 대한 적극적인 태도 표명과 대응으로 많은 관심을 모으고 문단 내외의 박수도 받았습니다. 어려운 가운데서도 이런 회원들과 함께 하는 시사적인 관심의 불을 꺼뜨리지 않는 게 중요하지요. 어쨌든 현재는 행사를 치르기 어려워 회원들을 만나는 기쁨도 누릴 수 없는 게 유감입니다. 이럴 때는 좀 전에 말씀 드린대로 활동의 규모를 최대한 줄이면서 텍스트의 공감을 높이는 소모임의 활동을 확대하거나, '비대면'의 방식으로 SNS나 유튜브를 이용한 활동도 수용될 수 있을 것입니다. 아무튼 빨리 역병의 재앙이 물러가 정상으로 활동이 이루어지길 바랍니다.

윤일현　영화 「죽은 시인의 사회」에서 신임 교사 존 키팅은 첫 수업 시간에 학생들을 향해 "현재를 즐겨라(Carpe diem)."고 가르칩니다. 그는 책상 위에 올라가서 "내가 왜 이 위에 섰을까? 이 위에서는 세상이 무척 다르게 보이지. 잘 알고 있는 것이라도 다른 시각에서 보거라. 틀리거나 바보 같아도 반드시 해 보라."라고 합니다. 그는 학생들에게 "말과 언어는 세상을 바꿔놓을 수 있다. 시가 아름다워서 읽고 쓰는 것이 아니고, 우리가 인류의 일원이기 때문에 읽고 쓴다." 라고 말합니다. 그는 "시와 미, 낭만, 사랑은 삶의 목적이다."라고 강조합니다. 이 대사 역시 오늘과 내일의 우리에게 그대로 적용됩니다. 의사, 판검사, 교수, 교사, 공무원, 과학자, 기술자, 사업가 등의 직업은 삶의 목적이 아니고, 삶을 영위하기 위한 수단에 불과합니다. 시는 메타포(metaphor, 은유)의 문학입니다. 은유는 모든 창조적 사고와 생각의 도구입니다. 은유가 없다면 인간의 모든 예술과 학문은 거의 불가능합니다. G. 레이코프와 M. 존슨은 『삶으로서의 은유』에서 "은유 없이 직접적으로 이해되는 개념이 하나라도 있는가?"라고 묻습니다. 아리스토텔레스는 『시학』에서 은유에 능하다는 것은 천재만이 가질 수 있는 정신적 특성이라고 말했습니다. 진리와 사물의 본성은 은유라는 옷을 입고 나서야 우리에게 파악됩니다. 『생각의 시대』를 쓴 인문학자 김용규는 "은유는 유사성을 통해 '보편성'을, 비유사성을 통해 '창의성'을 드러내는 천재적인 생각의 도구다."라고 설명합니다. 어쨌든 이 시대가 요구하는 감성, 창의력, 상상력 등을 배양하기 위해서는 시를 읽고 쓰는 것보다 더 좋은 방법은 없습니다. 조만간 맞이하게 될 노동 없는 시대 또는 노동 시간이 획기적으로 단축되는 시대에 의미 있고, 가치 있고, 재미있고, 창조적인 삶을 살길 원한다면 청소년기에, 아니 인생의 어느 시기든 상관없이 반드시 시를 읽고 쓰는 훈련을 해야 합니다. 앞으로 AI나 로봇, 사물인터넷 등의 새로운 과학 기술은 인간이 하는 많은 일들을 떠맡게 될 것입니다. 그러나 이런 것들을 만들고 이용하는 데는 인간의 상상력과 창의력이 필요합니다. 상상력과 창의력 배양에는 시가 최고입니다. 그래서 앞으로 시인들은 여러 분야에서 더욱 많이 호출을 당하게 될 것입니다. 이런 관점에서 볼 때, 시인 개인의 역량과 함께 같은 동업자의 권익을 대변하고 지킬 수 있는 시인협회 같은 단체의 역할은 더욱 중요해질 것입니다.

이구락 대구시협도 이제는 작은 단체가 아닙니다. 문화 권력을 형성하거나 인맥과 카르텔을 구축하는 폭력의 유혹에 빠지지 않아야 합니다. 코로나19는 참 대책 없는 두려움이지만 인류는 언제나 역경을 이겨내는 지혜를 발휘해왔으니 너무 미래를 부정적으로 보지 않았으면 합니다. 어쩌면 언택트 시대에는 시가 더욱 인간을 구원해줄 것이라고 믿었으면 좋겠습니다.

박태진 예, 1991년 5월, 43명으로 시작된 대구시인협회가 창립된 이후 지금은 230명 회원으로 확대되는 등 많은 발전과 문화 사회적 기여가 있어왔음을 돌아볼 수 있는 좋은 말씀들을 많이 해주신 것 같습니다. 또 지금과 같이 복잡하고 어려운 시대에 우리 시협이 앞으로 나아가야할 방향도 짚어주셨습니다. 시인의 중요성을 사회에 알리면서 회원의 권익을 대변할 수 있는 시협으로서 회원 상호간의 우의증진과 나아가 작품을 위한 생산적 기회를 나누고 부여하는 일을 기획하고 실천하는 것이 중요함을 한 번 더 생각해 보게 됩니다.

초대 회장 권기호 시인의 "대구는 시인의 고향이며, 하나의 성지다. 일찍이 영남학파의 정신적 뿌리로부터 일제하 식민지 시대를 거쳐 오늘에 이르기까지 뜨겁고 냉철한 시혼을 불사른 시인들이 쉼 없이 맥을 이어온 고장이다." 대구시인협회 창간호에 하셨던 말씀을 기억하며 '대구시협 30년 역할과 책무, 앞으로의 전망' 특집 좌담을 마치겠습니다. 고문님들 오랜 시간 동안 감사합니다.

대구시인협회 초창기 회고
—강현국과 구석본 그리고 나

서 종 택 (3대 회장)

1

나는 최근 20년 넘게 문단을 떠나 있었다.

기억은 희미해지고 남아 있는 사진도 해상도가 떨어진다.

그럼에도 대구시협의 원고 청탁을 거절하지 못한 것은 시협의 초창기에 대해서 한 가지라도 제대로 말해두고 싶은 마음이 있기 때문이다. 원래 이 글은 〈내가 만난 강현국〉이라는 제목으로 『오래된 약속』(2017)에 실렸던 글이지만, 시협의 취지에 맞게 분량을 대폭 줄이고 초점을 좀 더 넓혀 수정한 글이라는 점도 밝혀 양해를 구하고자 한다.

이제부터 시협 초창기에 강현국과 구석본 그리고 나 사이에 있었던, 단순하지만 남들 눈에는 잘 보이지 않는 운명 곡선을 그려 보이겠다. 그리고 그 곡선이 지나가는 몇몇 중요한 지점을 찾아내서 짚어보려고 한다. 또한 그 곡선이 어떤 상황적 압력에 의해 어긋났는지도 말해보려고 한다.

기억이 너무 또렷하면 과거에서 헤어나지 못할 테지만, 다행스럽게도 나는 옛날 일을 잘도 잊어버렸다. 요즘은 남은 기억마저 사라지는 중이다. 내 나이도 칠순을 훌쩍 넘었으니 이런 생각이 드는 것도 당연하지 않겠나. 이제 그 옹알이 같은 소리를 복원해보려 한다.

친구라고 하지만 여러 수준의 친구가 있다. 얼굴만 아는 면우(面友)가 있고, 마음을 나눈 심우(心友)도 있다. 나와 강현국과 구석본은 면우에서 시작하여 심우로 이어지는 긴 인연의 끈으로 얽혀 있다.

90년대 전후로 한정한다면, 나는 그들의 마음의 잔물결을 가까이에서 응시한 사람 가운데 하나라고 생각한다. 당연히 다른 사람에게는 보이지 않는 우리 세 사람만의 세계라는 것도 있었다고 생각한다.

2

1991년, 나와 강현국 그리고 구석본은 대구시인협회를 만들기 위해서 힘과 혈기를 모아서 최선을 다했다. 우리는 하고 싶은 일을 했다. 새로운 단체를 만드는 일은 힘들고 물결을 거슬러야 했지만, 문단을 향해 할 말을 하고자 했다.

그런 우여곡절 끝에 하나의 새로운 단체, 대구시인협회가 탄생되었다.

시협은 기성 문단에서 탈출하는 것으로부터 몸집을 만들어가는 과정에 있었기 때문에 어느 정도의 잡음은 어쩔 수 없이 감수해야 했다.

그 당시 우리들의 나이도 잊지 말았으면 한다. 그때 우리는 겨우 40대 초반이었다.

그 시절 시협은 상반되는 에너지들로 가득 차 있었다. 이 작은 지면에서 우여곡절을 묘사하지는 못할 것이다. 다만 한 가지 문제에 집중해보자.

핵심 역할을 한 세 사람 가운데, 나는 시협에서 감투를 쓰지 않았지만, 구석본은 운영위원장, 강현국은 편집위원장을 맡았다. 시협의 중요한 사업인 〈시인대학〉은 편집위원장 소관으로 강 교수가 재직 중인 교육대학교에 개설되었다. 수강생이 몰려들어 성황을 이루었다.

그런데 강의의 뼈대를 잡기 위해서는 아무래도 강 교수가 스스로 절대 다수의 시간을 담당할 수밖에 없었다. 나로서는 허용 범위 안이라고 생각했지만, 도저히 받아들일 수 없다는 불평이 터져 나왔다. 균형을 잡아야 할 책임이 나에게 있었다. 그러나 강 교수는 소신과 잣대를 굽히지 않았고, 나는 불평하는 사람들은 설득할 힘이 부족하였다. 나는 그 시절에 많은 것을 깨달았다.

인간은 자신의 욕구를 채울 수 있을 때 움직이는 것이지, 남의 욕구를 채워주기 위해서 움직이지는 않는다는 사실을 알게 되었다. 또한 인간에 대한 진실은 알기 어렵다는 것을 뼈저리게 깨달았다. 말하지 않는 것이 많은데다가, 말한다 하더라도 상당수는 부분적으로만 사실일 뿐이라는 것도 알게 되었다.

사람과 사람 사이의 문제는 언제나 여간 골치 아픈 게 아니며, 대수롭지 않은 일이 엄청나게 꼬이기 일쑤다. 강현국과 구석본은 힘들게 만든 시협을 스스로 1년 만에 떠나게 된다. 무엇이 그들의 급소를 건드렸던가. 나는 모른다. 그리고 아무도 충분히 알지는 못한다고 말해주고 싶다. 나는 그것이 운명이라고 생각한다.

1992년, 강현국과 구석본은 딴 살림은 차렸다.

〈시인대학〉은 교육대학교와 시협으로 양분되었다. 그리고 강현국과 구석본은 《시와반시》를 창간한다. 강현국과 구석본은 《시와반시》를 창간하면서 그 속에 자신을 온전히 쏟아부었다. 그것은 하나의 문학잡지 이상이었다. 그 속에 한 인간을 온전히 넣어놓았기 때문이다.

내가 모든 것을 몇 줄로 요약할 수는 없다. 다만 강현국과 구석본은 자기 생각들을 손질한 끝에 문득 전혀 다른 길이 있음을 깨달은 것이다. 그렇게 우리는 갈림길에서 각자가 믿는 바를 성실하게 실행했다.

넓은 길을 선택한 강현국은 〈시인대학〉과 《시와반시》를 동심원처럼 확장시키고, TV로 진출하여 지역 사회의 명사가 되고, 마침내 2006년 교육대학교 총장이 되어 무엇과도 바꿀 수없는 자신의 인생을 살았다.

구석본 역시 〈시인대학〉과 《시와반시》를 디딤돌로 삼아 자신의 세계를 넓히고 확장시켜 마침내 2009년 대구문인협회 회장이 되어 지역 문단을 이끌어가는 핵심 인물이 되었다.

시협을 지키기로 선택한 나는 그 후 더욱 좁은 학교로 돌아가, 교무부장, 교감이 되고, 2005년 영신중학교 교장이 되어 역시 나만의 길을 걸었다.

비록 우리가 노는 물은 달라졌지만 각자 자신의 길에서 최선을 다했다고 생각한다.

나는 강현국 총장과 구석본 회장이 인생의 고비 때마다 힘든 선택을 거듭하면서 걸어온 궤적에 대해 외경과 공감을 갖고 있다. 그 후 우리의 인생에서 접점이 없어지면서 멀리서 소식만 듣는 사이가 되었다.

그 당시 있었던 일들은 다 우리가 배우고 성장하기 위해서 필요한 것이었다고 생각한다. 돌아서서 생각하면 그런 일이 있었기에 우리는 인간에 대해서, 시인에 대해서, 그리고 단체에 대해서 나름대로 어떤 깨달음을 얻을 수 있었다고 생각한다. 그러니 감사할 일이라는 생각도 든다. 우리는 실패를 거듭하고 식은땀을 흘리면서 조금씩 성장했던 것이다. 우리 정도 살아낸 사람도 이제 흔치는 않은 것 같다.

3

잠시 한눈을 파는 사이에 우리는 늙어버렸다.

우리가 그토록 만들려고 했던 것도, 빼앗기지 않으려고 했던 것도, 누구에게 빼앗긴 것이 아니라 세월이 그것을 다 빼앗아 가버렸다.

내가 먼 기억을 더듬어 이렇게 마음대로 말해보았지만, 사람들은 이것을 글자 그대로 받아들이지 말았으면 한다. 우리는 아마 같은 일을 함께 했지만 마음에 남은 장면은 각자 다를 것이다. 이것은 나의 견해이니, 각자에게는 또 각자의 견해가 있을 것이다.

물론 내가 말한 것이 무슨 대단한 말이 아닌 줄도 알고 있다. 그저 노인이 지나간 옛날에 대해 뭔가 마음에 남아있는 말을 했다는 정도로 생각해주면 좋겠다. 그리고 내가 여기에 쓰지 않은 것까지 읽어준다면 더 바랄 것이 없겠다.

벌써, 30년!

김 세 웅 (10대 회장)

회고사를 부탁하는 전화를, 긴한 볼 일을 보러가는 차 안에서 받았다.

돌이켜보면 숱한 긴한 일들이 점철되며 30년의 세월이 흐른 셈인데, 그러한 긴한 일들 덕분에 지금 무탈한 듯하나 어쩌면 그러한 일들은 세월을 견뎌내려는 작위적인 수단이었던 것도 같다.

30년 전 대구시인협회 창립 당시와 그 이후의 대소사를 분명하게 기억할 수 있는 회원님들이 계실 듯한데, '긴한 일'들에 마음을 앗기며 살아온 나로서는 아쉽게도 그 분량이 적다.

창립 초기에 몇몇 뜻 있는 시인들의 발의에 의하여, 고사하시는 권기호 시인을 회장으로 추대하여 대구시인협회가 출발되었다. 이기철 시인이 2대 회장이 되시면서 더욱 활발해진 협회는 대외 행사는 물론, 시 창작교실을 열어서 많은 시인들이 자발적으로 주제를 정하여 강의하였고, 수강생들과 격의 없이 어울려 토론하곤 하였다. 나중에 회장을 역임하신 박영호 시인이 운영하는 박영호 외과의원의 지하실이 주된 강의실이었다.

서종택 시인이 회장이 되시면서 협회는 본격적으로 활성화되었는데, 회원 수의 양적인 증가는 물론 그 양적인 증가가 질적인 희석이 되지 않도록 입회 자격을 다듬어가며 많은 노력을 기울였었다. 시협 회원

모임이나 운영진들의 모임에서 참석자들 사이에 격의가 없었고, 시절이 아직 각박하지 않았던 건지 회원 수가 아직 적어서 가족적인 분위기가 있었던지 자주 카페나 생맥주집, 식당에서 여담과 시론, 정담으로 숱한 저녁을 보냈었다.

이 글을 쓰면서 문득, 어느 카페에서의 고 박해수 시인의 얼굴과 몸짓이 떠오른다. 내가 경주 남산 산행중일 때 휴대전화로 중앙의 무슨 선거에 한 표를 부탁하는 전화를 주셨었는데, 그 한두 달 뒤 부고를 접하고 황망하였던 기억이 겹쳐진다. 치료차 서울을 오가며 힘들어하시던 고 정태일 시인과의 만남도 새삼스럽다. 인걸은 저물어도 대구시협은 30년을 넘어 사람이 존재하는 한, 그 애환과 더불어 훌륭한 시인들을 보태면서 시력을 끝없이 늘려갈 것이다.

아, 기억으로는 서종택 시인이 회장이실 때, 임원들이 어느 카페에서 머리를 맞대고 대구시협의 연간지 이름을 '대구의 시'로 결정하였다.

이태수 시인이 회장이 되신 후, 시협의 확장세는 두드러지고 백가쟁명의 시대로 들어섰다고 느껴진다. 거기에는 이태수 시인의, 사람을 가리지 않는 따뜻함과 넓은 인맥이 큰 보탬이 되었다고 본다.

필자는 여러모로 회장의 자격이 모자랐지만, 그 당시의 환경에 의해 부득이 직을 맡았었는데, 당시 시협이 그나마 원활하게 돌아간 것은 김동원 사무국장과 운영진 덕분이었다.

당시, 김동원 시인에게 사무국장을 맡아주길 부탁하고 그의 답을 받고 쓴, 미발표 시 「대구시인협회여, 영원한 소금이여!」가 있어서 여기에 옮기며 두서없는 글을 마무리하고자 한다.

'누가 되지 않겠습니다'
라는 그의 문자 메시지가 뜨자,
나는 느닷없이, 아프리카 초원을 질주하는 누 떼를 본다
세렝게티 초원을 질러 강을 건너 다시 초원을 달리는

누 떼의 힘을 본다
‘고맙습니다’
라는 메시지에 힘입어 나도 달리는 누가 된다
풀섶에 숨은 사자도, 물 속에 은신한 악어도 잊고
그냥 달린다
‘좋은 날 되십시오’
라는 종구는 달음박질을 격려하며
삶을 끓게 하는데
세 마디의 문자는, 마라 강과 초원과 작열하는 태양이 되어
나를 달리게 한다
메시지 말미에 낙관인양
그는 이름을 남겼다
초원의 누 떼 중에서 나는
낙관이 찍힌 유일한 누다

앞날이 더, 훨씬 더 아름다워야 한다

김 선 굉 (12대 회장)

삼십년 전 명덕로타리 부근 늦가을 어느 이른 저녁을 떠올린다. 대구시인협회 창립 기념일 행사에 참석하기 위해서 시간에 맞춰 부근에 이르렀는데, 행사장 부근에 이상한 기류가 흐르고 있었다. 삼만 원이었던가. 입회비를 돌려주면서 입회를 받아들이지 않기로 했다는 것이다. 허허허, 허허허, 허허허 웃으면서 그 이유를 물었더니, 김선굉은 인간성이 좋지 않아서 넣을 수 없다는 대답이 돌아왔다. 허허허, 허허허, 허허허, 허허허, 입회 거부로 한 방 얻어맞았고, 입회 거부 이유로 한 방 더 얻어맞은 것이다. 나와 함께 같은 이유로 입회를 거부 당한 시인은 박진형이었다.

이럴 수는 없는 거라며, 이하석 형이 창립 발기인들을 만나러 행사장으로 가는 것을 보고, 나는 박진형과 함께 키득키득 웃으며 남문시장 쪽으로 걸어갔다. 둘은 시장통 어느 선술집에 앉아 술잔을 부딪히면서 한참을 키득키득 웃으며 연거푸 술잔을 비웠다. 맞아, 인간성 좋은 놈들이 시협을 만들었으니, 대구시인협회의 앞날이 환하지 않을 수 없겠군. 참 이상한 일은 화도 안 나고, 분한 마음도 없이, 오히려 홀가분한 마음이 되어 술잔을 거듭 비우게 된 것이다. 이튿날이었던가. 이하석 형의 중재는 받아들여지지 않았으며, 문인수, 이하석, 장옥관, 송재학 시인이 자진 탈퇴했다는 소식이 들려 왔다.

대구시인협회의 출발은 나와 박진형으로 인하여 순조롭지 않았고, 괜히 우리 두 사람 때문에 가까이 지내면서 시와 인생을 이야기하던 선배 동료 시인 여럿이 장엄하게(?) 닻을 들어올린 대구시인협회라는 방주에 승선하지 못 하는 일이 생겼다. 무슨 이런 일이 있나 하면서도, 박진형과 나는 우리 인간성이 어떤지 돌아볼 생각도 하지 않았으며, 어떤 외상(外傷)도 어떤 내상(內傷)도 입지 않았다. 다만, 우리 때문에 창립회원 명단에 이름을 올리지 못한 선배, 동료 시인들께 미안한 마음을 감출 길이 없다.

그후 삼십 년의 세월이 흘러갔고, 인간성을 쪼매 회복한 어느 시점에 대구시협 멤버십으로 함께 하게 되었다. 이십여 년 전 내 손을 잡고 이름을 올려 준 분은 이태수 형이었다. 나는 짐짓 인간성도 더 나아지지 않았고, 지금 들어가는 것 또한 쪼매 우스우니 들어가지 않겠다고 했다. 그러나 지나간 일은 잊어버리고, 함께 하는 게 옳은 일이라며 당시 이태수 회장이 내미는 손을 잡아드리지 않을 수가 없었다.

그후에도 별로 기여한 바도 없이 주변인으로 뻘쭘하게 서 있었는데, 대구시인협회는 내게 대구시인협회상(2003년 13회)을 주었고, 몇 년 후 분에 넘치게도 회장으로 추대하여 2년간 봉사할 기회를 주기도 했다. 이제 대구시인협회는 창립 30회를 맞이하면서 준수하고도 늠름한 청년으로 성장했다. 창립 당시의 진통이 있었고, 성장 과정의 우여와 곡절로 인한 아픔이 적지 않았으나, 이 모든 위기와 시련은 성장통(成長痛)에 다름 아니라고 생각한다.

특히 250여 명에 달하는 창의적 지성인 그룹이 지금까지 추대 형식으로 집행부의 바톤을 넘겨주고 있는 것은 참으로 자랑스런 전통이 아닐 수 없다. 이 전통이 단임의 정신으로 계승되어온 것 또한 대구시인협회의 아름다운 전통으로 값진 자산이 아닐 수 없다. 그러나 박정남 회장 이후 두 번째 여류 회장으로 기대를 모았던 수석부회장의 피할 수 없는 사정과 30주년을 맞은 특수 환경, 미증유의 코로나19 등 여러 요인으로 인한 윤일현 회장의 연임으로 일정 부분 외상과 내상을 입은 것 또한 안타까운 일이 아닐 수 없다.

이 또한 청년 대구시협이 장년 대구시협으로 레벨업하면서 겪는 성장통이 아니겠는가. 대구시인협회 창립 30주년에 즈음하여 우리 모두 이런 인식과 도저한 각오로, 대구시인협회를 250만 메트로폴리탄 시티 대구의 정신을 담대하고도 아름답게 승화시키는 주체가 되도록 집단지성을 발휘하지 않으면 안 된다고 생각한다. 대구의 앞날이, 지금보다 더, 훨씬 더 아름다워야 한다고 생각한다.

대구시인협회는 대구의 정신과 의리를 담보하고 있는 지고지선의 문학 단체다. 대구시인협회의 앞날이 분열과 갈등을 넘어 지금보다 훨씬 더 순정하고 아름답게 성장하지 않으면 안 되는 이유가 여기에 있다.

시로 행복할 수 있을까

박 진 형 (13대 회장)

1

나는 하루에 한 시간정도 맨발걷기를 하고 있다. 두 겹 세 겹 옷을 껴입고 모자와 마스크, 장갑을 끼고 겨울 언 땅 위를 걷는다. 발은 차갑지만 몸에서는 땀이 난다. 지나가는 사람들이 춥지 않느냐고, 동상에 걸리면 어쩌겠느냐고 걱정스럽게 말하지만 대부분의 사람들은 정신이 어찌되지 않았나 하는 눈치다. 그러나 나는 아랑곳없이 맨발명상에 곧잘 빠져들곤 한다. 어느새 맨발걷기는 1300일을 눈앞에 두고 있다.

왜 서두에 느닷없이 맨발걷기를 꺼내느냐고 하겠지만 나의 시쓰기도 이와 다름이 없을 터. 중학교 2학년 때부터 시라는 괴물에 온통 마음이 빼앗겼다. 50년 가까이 줄곧 시에 목 매달고 살고 있으니 말이다. 동향(同鄕)의 박목월이란 이름이 어릴 적부터 나의 뇌리에 각인되어 있었다. 나는 어렴풋이 시인이 되고자하였다. 중학교를 졸업하던 해 신춘문예에 첫도전을 하였다. 말이 첫도전이지 범 무서운줄 모르는 하릅강아지였다.

내가 경주에서 중학교를 졸업하고 대구로 나와 산지 50년이 넘었다. 그리고 시를 쓰겠다고 문학판을 기웃거리며 문청시절을 견디기 십수년, 《매일신문》신춘문예를 통과하여 비로소 시인이 되었다. 이것은 내 아둔한 머리로 다만 견디고 버텼다는 말이 옳겠다. 그 무렵 나에게 가장 큰 힘은 김선굉 형이다. 물론 나중에 시오리라는 단체로 함께 어울려 오랫동안 낄낄거리며 놀았지만……. 그와는 또한 이 나이까지 얼굴 한번 붉히지 않고 살고 있다. 김형과의 인연은 한 생이 끝날 때까지 이어질 수밖에 없으리라.

2

김선굉 시인은 대구시협 12대 회장이었고, 그 뒤를 내가 바톤을 넘겨받았다. 감히 말하건데 나는 대구시협 회장이 되었을 때 걱정이 앞섰다. 어떻게 하면 대구시인들의 견고한 시를 대구 시민들의 품으로 보낼 수 있을까 새벽마다 일어나 고민하고 또 고민하였다.

그리하여 13대 대구시협 집행부를 출범시키면서 '詩로 행복하자'는 슬로건을 내걸었다. 실천의 첫걸음으로 3월부터 '이 주의 시인'을 선정, 대구시협 까페에 대표시 10편과 사진, 프로필을 올렸다. 그리고 영남일보사와 손을 잡고 매주 토요일 16면 고정란에 '이 주의 시인'의 시 한 편을 게재하였다. 또한 대구광역시교육청과 양해각서를 맺고 영상시 40편을 제공하여 '아침독서 10분 시간'에 중고생들에게 들려주었다. 그리고 그 결과물로 '시로 행복하자 선집' 『詩, 희망을 노래하다』, 『행복, 詩로 답하다』 두 권을 발간하였다.

나는 발간사에 "이번 사화집은 영남일보에 2년간 지면을 통해 발표된 시이지만 독자들 곁으로 찾아가는 중요 텍스트가 될 것입니다. 노태맹에서 이하석까지 '이 주의 시인'으로 선정된 92명의 시인들이 마라톤 선수처럼 숨가쁘게 달려 와 이제 그 대미를 장식합니다. 그러나 미진한 부분과 미처 챙기지 못한 시인들에게 미안한 마음을 제야의 종소리에 묻어 둡니다. 다음 집행부에서 새로운 기획으로 다시 만나게 될 것입니다. 『행복, 詩로 답하다』를 대구의 시를 사랑하는 독자들 곁으로 보냅니다. 우리 모두 대구의 시로 행복했으면 좋겠습니다."라고 적었다.

2016년 시의 날에는 영남일보에 실렸던 시를 동판으로 만들어 영남일보 지하 갤러리에서 '동판시전(銅版詩展)'을 열었다. 다음해 5월에는 창녕 성씨 고택에서 1박2일로 학술세미나 〈물과 늪의 생명시학〉을 가졌다. 고즈넉한 봄밤, 성씨 고택 마루에서 판소리를 듣는 호사도 누렸다. 다음 날 관용사와 우포늪에서 대구의 시 리본달기, 보물찾기는 나의 기억에 오래 남아 있다.

또한 영남위크리포유에 대구시인협회 활동상이 전면 4쪽이나 할애되어 실렸다. 이것은 대구시문학의 위상과 자존심을 세워준 영광스럽고 고마운 일이 아닐 수 없다.

대구시인협회 30년의 족적인 연간작품집 『대구의 시』 30권, 사진집 『시인의 초상』, 육필시집 『손으로 쓴 시』, 자선대표시선 『대구, 시의 불꽃』 등 중요한 텍스트를 완성하여 한국시문학 속에 던져 두었다.

3

시인은 어두운 세상 한 귀퉁이에 촛불 하나를 켜놓고 가만히 앉아서 어둠을 내모는 존재가 아닐까싶다. 나는 과연 시로 행복할 수 있을까하는 어리석은 물음을 더 이상 던지지 않기로 한다.

조지 오웰의 『1984년』 거대한 빅브라더에 의해 조종당하는, 개인의 일거수 일투족이 감시당하는, 딥스테이트와 빅테크들이 강요하는 침묵에 길들여지는 코로나19의 팬데믹 속에서 인간은 점차 왜소졌다.

〈사월은 가장 잔인한 달/죽은 땅에서 라일락을 키워 내고/추억과 욕망을 뒤섞고/잠든 뿌리를 봄비로 깨운다〉는 엘리어트의 「황무지」의 시구 같은 시대가 또다시 돌아왔다. 민주주의의 선봉인 미국의 대선을 보면서 착잡한 마음 금할 수가 없다.

침묵을 강요당하는 시대에 시는 과연 촛불의 역할을 할 수 있을까? 인간들에게 어떻게 위안과 행복을 줄 수 있을까? 나는 오늘도 눈 내린 길 위를 맨발로 걸어가면서 시와 인간의 행복에 대해 다시 생각해본다. 설산 고행하는 구도자처럼…….

대구시인협회상 역대 수상자

연 도	회	수상자 · 수상시집
1991년	제1회	엄원태 『침엽수림에서』
1992년	제2회	박정남 『길은 붉고 따뜻하다』
1993년	제3회	서지월 『가난한 꽃』
1994년	제4회	이정우 『앉은뱅이꽃의 노래』
1995년	제5회	백미혜 『에로스의 반지』
1996년	제6회	손진은 『눈먼 새를 다른 세상으로 풀어놓다』
1997년	제7회	수상자 없음
1998년	제8회	수상자 없음
1999년	제9회	서정윤 『가끔 절망하면 황홀하다』
2000년	제10회	서종택 『보물찾기』
2001년	제11회	송재학 『기억들』
2002년	제12회	이구락 『그 해 가을』
2003년	제13회	김선굉 『철학하는 엘리베이터』
2004년	제14회	박종해 『개불』
2005년	제15회	문성해 『자라』

연 도	회	수상자 · 수상시집
2006년	제16회	이규리 『뒷모습』
2007년	제17회	배창환 『겨울 가야산』
2008년	제18회	김용락 『조탑동에서 주워들은 시 같지 않은 시』
2009년	제19회	박윤배 『붉은 도마』
2010년	제20회	강문숙 『따뜻한 종이컵』
2011년	제21회	권운지 『갈라파고스』
2012년	제22회	장하빈 『까치 낙관』
2013년	제23회	류인서 『신호 대기』
2014년	제24회	황명자 『자줏빛 얼굴 한 쪽』
2015년	제25회	정 숙 『청매화 그림자에 밟히다』
2016년	제26회	노태맹 『벽암록을 불태우다』
2017년	제27회	김윤현 『발에 차이는 돌도 경전이다』
2018년	제28회	정하해 『바닷가 오월』
2019년	제29회	박미란 『누가 입을 데리고 갔다』
2020년	제30회	송진환 『11월의 저녁』

지상에 시를 남겨놓고
하늘에 별이 된

대구시협 작고 시인들

초록 교신

권국명

초록과 초록으로 이어진
끝없이 은밀한 길이 나의 내부에 있다.
처음에는 내 손끝에서 자잘한 풀잎으로,
다음은 내가 가지를 뻗은
앵두나무와 대추나무 밭을 지나
오월 넓은 하늘에 가 닿는다.

앵두나무 하늘에는
앵두나무꽃이 그린 기호,
지금 막 태어난 어린 아해 같은 싱싱한 말이 있어
물 없고 바위와 모래뿐
인물 없고 바위와 모래뿐인 도시,
물 없고 바위와 모래뿐인 도시에서
이 초록의 길을 따라 나가
아주 먼 우주 저쪽에 살아있는 너에게
초록의 말로 교신할 수 있으리.

권 오 택 1934~1999

경북 안동 출생으로 1953년 〈문학예술〉로 등단. 시집 『눈 내린 새벽』, 『해동』, 『초록 바람이 불면』, 『백원짜리 행복』을 출간하다. 대구시문화상 (1985)을 수상하다.

김 경 환 1935~1992

대구 출생으로 영남대학교 영문과를 졸업하다. 1957년 《자유문학》으로 등단. 유고시집 『보름달은 무겁다』을 출간하다. 경산 남천면 백합공원에 시비가 있다.

예 종 숙 1935~2012

경북 청도 출생으로 1960년 《자유문학》으로 등단. 시집 『형상』, 『예종숙 시집』, 『빗 속의 안개』, 『앞산을 바라보며』, 『쓸쓸한 느낌』, 『보랏빛 노을』을 출간하다. 경상북도 문화상을 수상하다.

권 국 명 1942~2012

경북 고령 출생으로 1964년 〈현대문학〉으로 등단. 시집 『그리운 사랑이 돌아와 있으리라』, 『으능나무 금빛 몸』, 『초록 교신』을 출간하다. 이상화문학상을 수상하다.

박 곤 걸 1935~2010

경북 경주 출생으로 1964년 〈매일신문〉 신춘문예, 1975년 〈현대시학〉으로 등단. 시집 『환절기』, 『숨결』, 『빛에게 어둠에게』, 『가을산에 버리는 이야기』, 『딸들의 시대』, 『화천리』를 출간하다. 대구광역시 문화상, 금복문화예술상을 수상하다.

이 정 우 1946~2018

경북 자인 출생으로 1969년 〈매일신문〉 신춘문예로 등단. 시집 『그 노래만이 나의 뽐낼 하늘이로다』, 『그대의 꿈은 날마다 죽고』, 『이 슬픔을 팔아서』, 『울지않는 마돈나』, 『마음의 길』을 출간하다. 대구문학상, 대구시인협회상 수상하였다.을

조 기 섭 1930~2011

경남 창녕 출생으로 1953년 〈석탑문학〉 동인, 1971년 시집 『바람의 연가』를 출간하여 등단하다. 경북문화상을 수상하다.

윤 태 혁 1935~2004

대구 출생으로 1974년 〈현대시학〉으로 등단. 시집 『서정시대』, 『우리는 우리』, 『아. 내가 낸가』, 『해 저무는 쪽의 식물원』, 『모반의 화살』, 『또다시 서정시대(상·하)』를 출간하다. 경북문학상, 대구시문화상을 수상하다.

박 해 수 1948~2015

대구 출생으로 1974년 〈한국문학〉 신인상으로 등단. 시집 『바다에 누워』, 『서 있는 바다』, 『걸어서 하늘까지』, 『스물의 화약냄새』, 『자유꽃』, 『별 속에 사람이 산다』, 『사람이 아름다워』를 출간하다. 대구문학상을 수상하다.

양 치 상 1941~2010

중국 만주 출생으로 1978년 〈현대시학〉으로 등단. 1981년 시집 『저녁 점묘』를 출간하다.

조 행 자 1941~2013

대구 출생으로 1979년 〈현대시학〉으로 등단. 시집 『영혼의 집, 별의 집』, 『이상한 날의 기억』, 『지금은 3시』를 출간하다. 대구문학상을 수상하다.

임 무 웅 1940~2003

경남 함양 출생으로 1989년 〈동양문학〉으로 등단. 경북도청문학회, 대구문협, 대구시협 회원을 지냈다.

김 황 희 1948~2011

충남 예산 출생으로 1992년 〈심상〉으로 등단. 시집 『먼 그리운 그날』, 『빼꾹새』, 『하늘에 심는 마음』, 『채송화 꽃씨의 눈물』, 『하얀 공의 연가』, 환경동시집 『엄마, 지구가 아프대요』, 『우리, 지구에게 사랑을』 출간하다.

이 옥 진 1946~2018

충남 대전 출생으로 1992년 〈심상〉으로 등단. 시집 『우리는 가끔 바꾸고 싶어한다』, 『우리는 가끔 바꾸고 싶어한다』를 출간하다.

전 성 미 1955~2016

경북 문경 출생으로 1995년 〈시문학〉으로 등단. 시집 『강물을 만나고 싶다』를 출간하다.

정 태 일 1942~2013

경북 영천 임고 출생으로 1996년 〈열린시〉, 1999년 〈현대시〉로 등단. 시집 『옛집에 뜬달』, 『달과 수은등』, 『딴 못』, 시화집 『어머니 밤 깊도록 구운몽 읽으시네』를 출간하다. 대구문학상을 수상하다.

최 남 잘 1937~2007

경북 군위 출생으로 1998년 〈작가세계〉 신인상으로 등단하다.

김 위 숙 1945~2020

경북 경산 출생으로 1999년 〈불교문예〉 신인상으로 등단. 시집 『내 남편 김위부의 인생 궤적』, 『마트로시카』를 출간하다.

배 영 옥 1966~2018

대구 출생으로 1999년 〈매일신문〉 신춘문예로 등단. 시집 『뭇별이 총총』, 『백날을 함께 살고 일생이 갔다』를 출간하다.

김 주 곤 1934~2914

경북 청도 출생으로 2000년 〈문예한국〉으로 등단. 시집 『시들지 않는 또 하나의 시간, 『울타리 없는 우주』, 『머물 수 없는 공간』을 출간하다.

대구시인협회 30년 발자취
(1991~2020)

대구의 詩 (1991 ~ 1995)
대구의 詩 (1996 ~ 1999)
대구의 詩 (2007 ~ 2011)
시인의 초상
대구시인협회 편
대구, 詩의 불꽃
대구의 詩
대구시인협회
대구시인협회
대구시인협회
대구의 詩

1991년

4~5월 권기호 시인의 발의로 준비위원(서종택, 강현국, 구석본 외)들이 대구시인협회 창립을 위한 준비 모임을 빈번하게 가지다.

5월 31일 대구시인협회 창립총회를 치술령에서 가지다. 창립회원 43명이 참석하여 초대회장에 권기호, 운영위원장에 구석본(총무 서지월), 편집위원장에 강현국(총무 서정윤) 회원이 선출되다.

6월 1일 제1차 이사회를 가지다. 회장단에서 선임된 이사 21명이 첫 이사회를 구성하여 〈시인대학〉 개설, 시협 야유회, 회보 발간, 사화집 발간, 시인협회상 제정, 회원 영입과 입회 자격에 관한 제반 문제를 의결하다.

6월 30일 제1회 야유회를 유가사의 비슬산장에서 가지다(회원 30명 참석).

7월 9일 제2차 이사회를 가지다. 〈시인대학〉 개설에 따른 제반사항을 협의하고, 본 회 사무실을 도서출판 〈황토〉에 두기로 하다.

7월 29일 대구시인협회 현판식을 〈황토〉에서 가지다. 이어 본 회 부설 〈시인대학〉 제1기 개강식을 대구교육대학에서 가지다.

9월 7일 제3차 이사회를 열어 회원 영입 문제와 회보 및 사화집 창간에 대한 제반 의견을 나누다.

10월 7일 〈대구시인협회보〉를 창간하다.

11월 13일 제4차 이사회를 열어, 시협상 운영 세칙과 심사위원을 결정하고 출판기념회 일정을 논의하다.

11월 20일 제5차 이사회를 열어 제1회 대구시인협회상 수상자를 결정하다(수상자 엄원태, 수상시집 『침엽수림에서』, 심사위원 도광의, 서종택, 이태수, 강현국, 구석본).

11월 30일 〈시인대학〉 제1기 수료식을 대구교육대학에서 가져 수료생 37명을 배출하다.

12월 7일 〈시인대학〉 제2기 개강식을 대구교육대학에서 가지다.

12월 19일 연간작품집 『금이라 할까, 이 바람을』(제1집) 출판기념회 및 제1회 대구시인협회상 시상식을 겸하여 송년회를 대구문화예술회관에서 가지다.

1992년

4월 11일 〈시인대학〉 제2기 수료식을 대구교육대학에서 가져 수료생 36명을 배출하다.

5월 4일 임원 개선 및 회칙 수정을 위한 제2기 정기총회를 가지다. 권기호 회장이 유임되고, 운영위원장에 도광의(총무 서정윤), 편집위원장에 이기철(총무 서지월) 회원이 선출되다.

10월 3일 제1회 바둑대회를 한국기원에서 가지다(고급부 조기현, 중급부 이구락, 초급부 도광의 회원이 각각 우승).

12월 8일 제6차 이사회를 열어 제2회 대구시인협회상 수상자를 결정하다(수상자 박정남, 수상시집 『길은 붉고 따뜻하다』, 심사위원 도광의, 이기철, 서종택, 이태수, 조행자).

12월 23일 연간작품집 『추억의 머플러』(제2집) 출판기념회 및 제2회 대구시인협회상 시상식을 겸하여 〈송년의 밤〉을 가지다.

1993년

9월 17일 임원 개선 및 회칙 수정을 위한 제3기 정기총회를 시협사무실(동구 효목동 박영호외과의원 내)에서 가지다. 제2대 회장에 이기철, 운영위원장 이구락(총무 김세웅), 편집위원장 김기현(총무 김상환) 회원이 선출되다.

9월 30일 〈회보〉 제8호를 발간하다.

10월 26일 본 회 부설 제3기 〈시인대학〉을 시협사무실에서 개강하다(수강생 24명).

10월 30일 '시의 날' 기념 〈거리시 낭송회 및 회원 시전〉을 대백프라자에서 개최하다(외부 초청시인으로 송수권, 나태주, 손종호, 서정학, 박혜옥, 손동연 제씨가 참가).

11월 26일 제3회 대구시인협회상 수상자를 결정하다(수상자 서지월, 수상시집 『가난한 꽃』(심사위원 박정남, 서종택, 이태수, 이진흥, 이구락).

12월 11~12일 시인협회 및 시인대학 야유회를 백암온천에서 가지다.

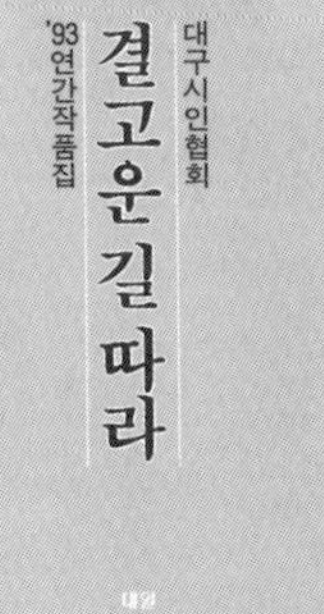

12월 23일 제3회 대구시인협회상 시상식과 연간작품집(제3집) 『결고운 길 따라』 출판기념회를 겸하여 〈송년의 밤〉을 가지다.

12월 29일 제7차 이사회를 개최하다.

1994년

2월 20일 〈시인대학〉 제3기 수료식을 시협 사무실에서 가져 수료생 18명을 배출하다.

3월 12일 〈시인대학〉 제4기 개강식을 시협 사무실에서 가지다.

6월 4일 〈시인대학〉에서 박동규 교수 초청 특강을 시협사무실에서 가지다.

6월 26일 시협 하계야유회를 고령군 성산면 聿修齋에서 가지다.

7월 16일 제4기 〈시인대학〉 수료식을 시협사무실에서 가져 수료생 6명을 배출하다.

8월 12일 제8차 이사회를 개최하다.

9월 15일 제4회 정기총회를 시협사무실에서 개최하다. 회장 이기철, 운영위원장 이구락(총무 김세웅, 간사 김상환), 편집위원장 김기현(총무 서지월, 간사 이명주) 회원이 맡다.

10월 7일 제5기 〈시인대학〉 개강식을 시협사무실에서 가지다.

11월 22일 제4회 대구시인협회상 수상자를 결정하다(수상자 이정우, 수상시집 『앉은뱅이꽃의 노래』(심사위원 박정남, 서종택, 이기철, 이태수).

12월 28일 연간작품집 『별들과 함께 지상으로』(제4집) 출판기념회 및 제4회 대구시인협회상 시상식을 겸하여 〈송년의 밤〉을 가지다.

1995년

1월 28일 시인대학 제5기 수료식을 시협사무실에서 가지다.

2월 8일 제9차 이사회를 열어 차기 집행부 구성을 논의하다.

3월 14일 제10차 이사회를 개최하여 회칙을 개정하고, 이어 제5회 정기총회를 열어 회장단을 선출하다. 회장에 서종택, 부회장에 박정남, 김세웅, 사무국장 서정윤(차장 박윤배, 간사 정유정), 편집국장 서지월(차장 김상환, 간사 강해림), 교육국장 박영호(차장 손진은, 간사 박지영), 감사 윤성도, 이명주 회원이 각각 선임되다.

4월 11일 제11차 이사회를 열어 이사회 상견례, 이사회비, 찬조금 납부 등을 논의하다.

5월 6일 제12차 이사회를 열어 제1회 〈대구시협 세미나〉 건을 논의하다.

5월 21일 제1회 〈대구시협 세미나〉를 화산성당과 기기암에서 가지다. 주제 「지방화 시대의 문학」, 주제 발표 : 이진흥, 손진은, 강론 이정우 신부, 법문 휴암 스님)

6월 28일 제13차 이사회를 열어 '제6회 초청 문학강연회'건을 논의하다.

7월 6일 '제6회 초청 문학강연회'를 가지다(장소 : 동아쇼핑 아트홀, 제목 : '시에 있어서의 감추기와 찾아내기', 초청 강사 : 정진규 시인).

9월 16일 시인대학 제6기 수료식을 가지다.

10월 20일 제14차 이사회를 열어 〈제2회 대구시협 세미나〉 건을 논의하다.

11월 12일 〈제2회 대구시협 세미나〉를 가지다(장소 : 광주비엔날레, 주제 '현대미술 감상—광주비엔날레', 주제 발표 : 이태수, 백미혜).

12월 1일 제5회 대구시인협회상 수상자를 결정하다(수상자 백미혜, 수상 시집 『에로스의 반지』, 심사위원 : 권기호, 도광의, 이태수, 박해수, 서종택).

12월 31일 연간작품집 『대구의 시』 출판기념회 및 제5회 대구시인협회상 시상식을 겸하여 〈송년의 밤〉을 가지다.

1996년

3월 9일 제6회 정기총회를 개최하여 서종택 회장단이 유임되다.

6월 9일 〈제3회 대구시협 세미나〉를 개최하다(장소 : 감포, 구룡포, 장기곶, 골굴암, 주제 : '시에 나타난 물의 이미지', 주제 발표 : 박해수, 서지월).

11월 1~7일 '96「문학의 해」 기념 시화전을 갤러리 소헌에서 열었다.

11월 4일 '96「문학의 해」 기념 〈시·음악의 축제〉 행사를 가지다(시화전 : 갤러리 소헌, 시·음악의 축제(4일) : 동아쇼핑 아트홀, 성악가 임웅균 초청).

12월 14일 제6회 대구시인협회상 수상자를 결정하다(수상자 손진은, 수상시집 『눈먼 새를 다른 세상으로 풀어놓다』(심사위원 : 이기철, 이태수, 박정남, 서지월, 백미혜)

12월 29일 연간작품집 『대구의 시』 출판기념회와 제6회 대구시인협회상 시상식을 겸하여 〈송년의 밤〉을 동대구관광호텔에서 가지다.

1997년

10월 6일 제7회 정기총회를 가지다. 서종택 회장단이 유임되다.

11월 2일 〈제4회 대구시협 세미나〉를 가지다(장소 : 운문승가대학 사리암, 주제 : '비평에 대한 비평', 주제 발표 : 이기철, 윤일현).

11월 12일 본 회가 제11회 금복문화예술상 단체상(문학부문)을 수상하다.

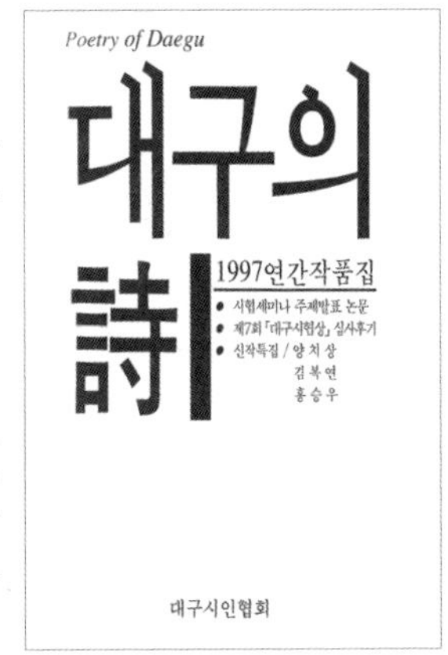

11월 22일 제7회 대구시인협회상을 심사했으나 수상자를 내지 못했다(심사위원 : 이기철, 이태수, 백미혜, 서지월).

12월 22일 금복문화예술상 수상기념 및 연간작품집 『대구의 시』 출판기념 〈송구영신의 밤〉을 동대구관광호텔에서 가지다.

1998년

5월 30일 제8회 정기총회를 시협 사무실에서 열어 회장에 이태수 회원을 선출하다. 이어 부회장에 박정남(유임), 사무국장에 박영호, 차장에 박승일, 박지영 회원을 선임하다.

12월 28일 연간작품집 『대구의 시』 출판기념회 겸 〈송년의 밤〉을 아리아나호텔에서 가지다.

1999년

3월 17일 첫 이사회를 대왕숯불가든에서 가지다.

4월 25일 〈'99년 봄 세미나·시낭송회·문학기행〉을 가지다(장소 : 안동 병산서원, 하회마을, 육사시비, 주제 발표 : 이성복, 서림, 이하석, 이기철, 시낭송 : 윤성도, 김윤현, 윤일현, 김현옥, 이규리, 장혜랑).

5월 16일 월간 『현대시』와 공동으로 문학세미나를 가지다(장소 : 동아백화점 스타홀, 두류공원 인물동산, 주제 발표 : 이하석, 황현산).

9월 16일 가을 행사를 위한 이사회를 용지봉식당에서 가지다.

10월 24일 〈가을 세미나·시낭송회·문학기행〉을 가지다(장소 : 포항공대 보경사·한흑구문학비, 주제 발표 : 박정남, 김용락, 시낭송 : 정훈, 문인수, 이정화, 박소유, 김호진, 박미영, 안윤하).

11월 1일 연간작품집 『대구의 詩』 제9집 발간 편집회의를 용지봉식당에서 가지다.

12월 8일 제9회 대구시인협회상 수상자를 결정하다(수상자 서정윤, 수상시집 『가끔 절망하면 황홀하다』(심사위원 : 권기호, 이하석, 이기철, 서종택, 백미혜, 서지월).

12월 27일 연간작품집 『대구의 시』 출판기념회 및 제9회 대구시인협회상 시상식을 겸하여 〈송년의 밤〉을 아리아나호텔에서 가지다.

2000년

5월 1일 제9회 정기총회를 용지봉식당에서 가져 박정남 회원을 회장으로 선출하다. 부회장 윤성도, 문인수, 사무국장 박영호, 차장 정숙, 간사 박주영, 강해림, 홍승우, 안윤화, 감사에 박종해, 정재숙 회원이 각각 선임되다.

6월 4일 〈200년 봄 세미나 및 시낭송회〉를 영주 동양대학교에서 가지다(주제발표 : 윤성도, 이문길, 시낭송 : 최남잘, 이정화, 서하, 안윤하). 이어 문학기행으로 소수서원, 부석사를 둘러보다.

7월 21일 첫 이사회를 용지봉식당에서 열어 시화전 및 '시와 음악의 밤' 행사에 대한 논의를 하다.

10월 7일 한국시인협회 전국광역시 순회문학행사 '아름다운 우리 시의 향연(영남일보 회의실)'에서 강해림, 정숙, 정훈, 조숙희, 장옥관 회원이 시낭송을 하다.

11월 1~6일 시의 날 기념 〈2000 대구, 시의 가을〉 행사를 가지다.

'시와 노래와 춤의 만남'(1일)
대구문화예술회관, 문학강연 ; 정현종 시인,
시낭송 : 권국명, 송종규, 박주영, 박진형, 배영옥

'시와 그림의 만남'(1~6일)
갤러리 소헌·대림, 출품시인 : 105명
출품화가 : 40명이 참여하다.

11월 17일 두 번째 이사회를 가져 신입회원 영입 문제와 회원 정리 문제를 거론하다(신입회원 영입은 문예지 등단 후에도 본회 이사급 이상 3인의 추천을 받아 심의위원회의 심사를 거친다. 심의위원회는 회장단 2명을 포함한 5인으로 구성한다. 회원 자격은 3년 이상 회비를 미납하거나 출석하지 않을 경우 1차 경고 후 박탈될 수도 있다. 단 차후 가입의사가 있으면 다시 입회할 수 있다).

11월 18일 ~19일 한국시인협회 '제30회 가을 정기세미나'(장소 : 수성관광호텔, 주제 : 최근 우리 시와 시어에 대하여)에서 이하석 회원이 「똥과 안개 속에서, 또는 안개 자세히 보기」를 발표하다.

12월 4일 제10회 대구시인협회상을 심사하다(수상자 서종택, 수상 시집 『보물찾기』, 심사위원 : 이기철, 이태수, 이하석, 백미혜, 서정윤).

12월 26일 연간작품집 『대구의 詩』 출판기념회 및 제10회 대구시인협회상 시상식을 겸하여 〈송년의 밤〉을 아리아나호텔에서 가지다.

2001년

4월 20일 첫 이사회를 용지봉식당에서 열어 봄 야유회 및 연간 사업에 대해 논의하다.

5월 12일 〈봄 세미나 및 야유회〉를 비슬산 자연휴양림에서 가지다(주제 발표 : 이동순, 정숙).

6월 28일 두번째 이사회를 서울식당에서 열어 대구현대시 80년을 정리하는 『시인의 초상』을 발간하기로 논의하다.

11월 3일 시의 날 기념 〈세미나 및 야유회〉를 윤혜승 시인 시비가 있는 가창 양지리에서 가지다(주제 발표 : 이태수, 이진흥).

12월 6일 제11회 대구시인협회상 수상자를 결정하다(수상자 송재학, 수상시집 『기억들』, 심사위원 : 이기철, 이태수, 문인수, 서지월, 서종택).

12월 20일 대구의 시문학 80년 『시인의 초상』과 연간작품집 『대구의 詩』 출판기념회, 제11회 대구시인협회상 시상식을 겸하여 〈송년의 밤〉을 가지다.

2002년

5월 29일 제10회 정기총회를 힐탑호텔에서 열어 제6대 회장으로 이진흥 회원을 선출하다. 부회장에 이구락(수석), 백미혜, 박영호, 사무국장 김상환, 간사 박승일, 김복연, 김상연, 편집국장 박진형, 간사 김윤곤, 류인서, 재무국장 박소유, 간사 장하빈, 김기연, 감사 김연대, 강문숙 회원이 각각 선임되다.

7월 10일 〈대구시인협회 소식〉지를 속간하다.

9월 7일 가을 문학세미나를 불로 봉무공원에서 가지다(주제 발표 : 김원중, 백미혜, 김선굉, 시낭송 : 이규리, 김경윤, 김호진, 김세현).

10월 1일 첫 이사회를 서울관에서 가지다. '시의 날' 행사, 신입회원 입회, 연간사화집 발간 등을 논의하다.

10월 26일 '시의 날' 기념행사를 수성못 선착장에서 가지다. 〈시여, 시여, 깃발을 올려라〉란 이름으로 '시민과 함께 하는 시의 포퍼먼스'로 진행된 이 날 행사에는 외부 초청 예술가로 윤명국, 이영철, 권기철, 박영미, 주운숙, 주영숙, 정경조, 윤봉재, 회원으로는 박정남, 이하석, 김기연, 안윤하, 서정윤, 서지월, 정숙, 이명주, 김호진, 박윤배, 김은령 등이 퍼포먼스와 시낭송에 각각 참여하다.

12월 2일 제12회 대구시인협회상 심사를 상락식당에서 가지다(수상자 이구락, 수상시집 『그 해 가을』, 심사위원 : 권기호, 이기철, 서종택, 이태수, 박정남, 송재학).

12월 30일 연간작품집 『대구의 시』 출판기념회 및 제12회 대구시인협회상 시상식을 겸하여 〈송년의 밤〉을 동대구호텔에서 가지다.

2003년

4월 25일 〈대구시인협회 소식〉을 속간하다.

5월 11일 〈봄 세미나〉를 경북 영양 이문열문학관에서 가지고, 오일도 조지훈 생가 등을 기행하다(주제 발표 : 송종규 '나의 시를 말한다', 김상환 '조지훈 시 깊이 읽기').

9월 6일 이사회를 미당식당에서 가져 '시의 날' 행사, 가을 세미나 등을 논의하다.

10월 1일 〈대구시인협회 소식〉을 속간하다.

10월 11일 〈가을 세미나〉를 대구수목원에서 가지다(주제 발표 : 이정웅 '시인과 야생화의 만남', 엄원태 '도시환경과 조경').

11월 1일 〈2003년 시민과 함께 하는 시의 날〉 행사를 국립대구박물관 대강당에서 가지다. 1부는 시낭송대회를 학생부와 대학 일반부로 나눠 개최하고, 2부는 문학 강연(김열규 교수, '마음붙이기의 시학'), 그 사이에 신보식의 대금 독주와 위승희의 시노래를 곁들였다.

12월 2일 제13회 대구시인협회상 심사를 상락식당에서 가지다(수상자 김선굉, 수상시집 『철학하는 엘리베이터』, 심사위원 : 권기호, 이기철, 서종택, 이태수, 박정남, 이구락).

12월 30일 연간작품집 『대구의 시』 출판기념회 및 제13회 대구시인협회상 시상식을 겸하여 〈송년의 밤〉을 동대구호텔에서 가지다.

2004년

2월 27일 제11회 정기총회를 동대구호텔에서 열어 제7대 회장으로 이하석 회원을 선출하다. 부회장 서정윤, 장옥관, 정재숙, 사무·편집국장 박진형(사무간사 김상연, 권영호, 편집간사 장하빈, 이명숙, 김윤곤), 재무국장 안윤하(간사 서하), 감사에 정지강, 강문숙 회원이 각각 선임되다.

6월 20일 〈대구시인협회 소식〉을 속간하다.

6월 24일 이사회를 상락식당에서 열어 〈빈터를 지피는 작은 문학회〉 행사를 논의하다.

6월 26일 대구문화예술회관 1층 로비에서 〈빈터를 지피는 작은 문학회〉를 회원 40여 명이 참가하여 가지다.

10월 15일 이사회를 상락식당에서 열어 '시의 날' 행사, 연간사화집 발간, 대구시인협회상, 송년회 행사 등을 논의하다.

11월 1일 '시의 날' 기념행사로 〈시의 깃발을 올려라〉가 1, 2부는 수성못 선착장에서, 3부는 반월당 삼성금융프라자 광장에서 열려 시민들과 함께 한 시의 축제를 가지다.

12월 2일 제14회 대구시인협회상 심사를 상락식당에서 가지다(수상자 박종해, 수상시집 『개불』, 심사위원 권기호 이기철 이태수 이진흥 김선굉).

12월 29일 연간작품집 『대구의 시』 출판기념회 및 제14회 대구시인협회상 시상식을 겸하여 〈송년의 밤〉을 동대구호텔에서 가지다.

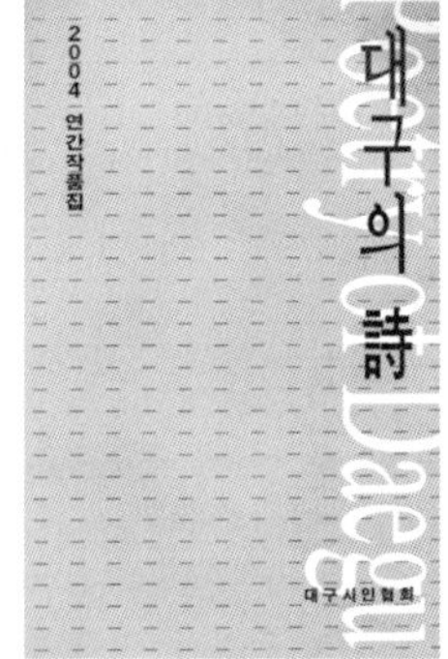

2005년

8월 30일 〈대구시인협회 소식〉을 속간하다.

9월 10일 본 회와 시노래 풍경이 공동으로 〈2005년 시노래 콘서트—삶을 잠시 멈추고 서서〉를 대구시민회관 대강당에서 가지다.

9월 20일 이사회를 상락식당에서 열어 〈대구의 시월, 시의 허브 속으로〉와 '시의 날' 행사 등을 논의하다.

9월 27일 대구시인협회 카페〔http//cafe.daum.net/dgpoetry〕를 개설하다.

10월 1일~29일 〈대구의 시월, 시의 허브 속으로〉를 5회로 나누어 주말마다 냉천 허브힐즈에서 가지다.

〈1회〉 시낭송 : 김복연, 이구락, 박소유, 김호진, 강초선, 문학강연 : 이기철, 서정윤 〈2회〉 시낭송 : 김용락, 강문숙, 김윤곤, 황명자, 정숙, 문학강연 : 이태수, 박해수 〈3회〉 시낭송 : 장하빈, 이명숙, 서하, 김상연, 김은령, 문학강연 : 이진흥, 문인수 〈4회〉 시낭송 : 박영호, 박주영, 최남잘, 노현수 권영호, 문학강연 : 박정남, 이하석 〈5회〉 1부 : 시낭송 시노래 연극 문학강연, 2부 : 육필시집 『손으로 쓴 시』 출판기념회

12월 13일 第15회 대구시인협회상 심사를 상락식당에서 가지다(수상자 문성해, 수상시집 『자라』, 심사위원 : 권기호, 이태수, 이진흥, 박정남).

12월 15일 이사회를 상락식당에서 열어 신입

회원 인준과 연간작품집 『대구의 시』 출판기념회를 논의하다.

12월 29일 연간작품집 『대구의 시』 출판기념회 및 제15회 대구시인협회상 시상식을 겸하여 〈송년의 밤〉을 제이스호텔에서 가지다.

2006년

2월 27일 제12회 정기총회를 제이스호텔에서 열어 제8대 회장으로 문인수 회원을 선출하다. 부회장 박상옥, 윤일현, 황영숙, 사무국장 안윤하(간사 노현수, 장혜승, 정하해, 서담), 편집국장 권영호(간사 장혜랑), 재무국장 박주영(간사 유자란), 감사 최남잘, 김경윤 회원이 각각 선임되다.

3월 30일 〈대구시인협회 소식〉지를 속간하다.

5월 19일 상반기 이사회를 은행나무식당에서 열어 회원들의 상반기 출판기념회 행사를 논의하다.

6월 10일 상반기 합동출판기념회를 송원교육문화센터 아트홀에서 가지다(시집 출간시인 : 강해림, 문차숙, 박이화, 서영처, 유가형, 3분 독후감과 시낭송에 20명의 회원이 동참하여 축하하다).

10월 13일 하반기 이사회를 유창복어에서 열어 하반기 출판기념회 및 시의 날 행사, 『대구의 시』 발간 등을 논의하다.

11월 4일 하반기 합동출판기념회를 〈대구의 시 가을 호수에 띄우다〉란 이름으로 수성못 수변공원에서 가지다(시집 출간시인 : 이규리, 황인동, 김주곤, 송광순, 정숙, 송종규, 김기연, 송진환, 시집 출간시인의 시낭송에 16명의 회원이 동참하여 축하하다).

11월 22일 대구시인협회상 예심에 회원 65명이 추천하여 이규리 외 5명을 뽑다.

11월 24일 第16회 대구시인협회상 본심 심사를 상락식당에서 가지다(수상자 이규리, 수상시집 『뒷모습』, 심사위원 : 권기호, 이기철, 이태수, 박정남, 이진흥, 이하석, 김선굉).

11월 25일 송년이사회를 은행나무식당에서 열어 대구시인협회상 경과보고, 기존 휴면 회원 건, 신입회원 인준 등을 다루다.

12월 29일 연간작품집 『대구의 시』 출판기념회 및 제16회 대구시인협회상 시상식을 겸하여 〈송년의 밤〉을 제이스호텔에서 가지다.

2007년

5월 11일 상반기 이사회를 은행나무식당에서 열어 회원들의 상반기 출판기념회 행사를 논의하다.

6월 2일 상반기 〈작가와의 만남〉을 송원교육문화센터 아트홀에서 가지다(시집 출간시인 : 엄원태, 배창환, 조행자, 김복연, 백종식, 시낭송 등 22명의 회원이 참가하여 축하하다).

9월 14일 하반기 이사회를 열어 하반기 출판기념회 및 『대구의 시』 발간, 대구시인협회상 심사 건 등을 논의하다.

10월 14일 하반기 합동 출판기념회를 '가을빛으로 그리는 대구의 시'란 이름으로 중구문화원 야외특설무대에서 가지다(시집 출간

시인 : 박진형, 홍승우, 정하해, 김주곤, 시낭송 외에 23명의 회원이 동참하여 축하하다).

11월 15일 대구시인협회상 예심에 회원 73명이 추천하여 배창환 외 5명을 뽑다.

11월 20일 第17회 대구시인협회상 본심 심사를 상락식당에서 가지다(수상자 배창환, 수상시집 『겨울 가야산』, 심사위원 권기호, 이기철, 이태수, 박정남, 이진흥, 이하석, 이규리).

11월 22일 송년이사회를 상락식당에서 열어 대구시인협회상 경과보고, 송년 행사, 시인의 초상 전시회 추인, 총회 개최시기, 신입회원 인준 등을 다루다.

12 월 28 일 연간작품집 『대구의 시』 출판기념회 및 제 17 회 대구시인협회상 시상식을 겸하여 〈 송년의 밤 〉을 제이스호텔에서 가지다. 회원들의 사진과 시를 담은 〈시인의 초상〉 전시회도 함께 열다.

2008년

1월 24일 第13회 정기총회를 송원교육문화센터 아트홀에서 열어 제9대 회장으로 이구락 회원을 선출하다. 부회장 손진은, 박지영, 박윤배, 사무국장 권영호(간사 박경조, 박선주, 서영처), 편집·홍보국장 박이화(간사 황명자), 재무국장 전성미(간사 노현수), 감사 김주곤, 안윤하 회원이 각각 선임되다.

3월 13일 임원회의 및 첫 이사회를 상락식당에서 열어 신구 임원단 상견례 및 〈봄 세미나 및 문학기행〉 등을 논의하다.

3월 20일 〈대구시인협회 소식〉(9-1호)을 속간하다.

4월 18일 임원회의를 상락식당에서 〈봄 세미나 및 문학기행〉의 준비 사항을 점검하다.

4월 27일 〈봄 세미나 및 문학기행〉을 전남 순천의 선암사, 낙안민속마을, 순천만 자연생태보존지구로 다녀오다(세미나 발표 : 김상환 '한국 현대시에 있어서의 실존과 음영', 최재목 '죽음과 맞선 시').

6월 12일 대구문인협회가 주관한 제1회 〈시민과 함께 하는 시음악회〉가 대구시인협회를 초대하여 상화고택 앞마당에서 열리다(시낭송 : 이태수, 전성미, 김세웅, 박지영, 시민과 함께하는 문학이야기 : 이구락).

6월 26일 대구문인협회가 주관한 제2회 〈시민과 함께 하는 시음악회〉가 대구시인협회를 초대하여 상화고택 앞마당에서 열리다(시낭송 : 정숙 문인수 송종규 박이화 권영호, 시노래와 색소폰 연주 : 윤일현 황인동).

10월 9일 ~11일 제2회 〈대구문학제〉의 일환으로 '문인수석전'이 대구문인협회 주관, 대구시인협회 후원으로 푸른방송 갤러리에서 열리다.

10월 14일 후반기 이사회를 고향칼국수에서 열어 '시의 날' 행사를 논의하다.

11월 1일 '시의 날' 기념 〈한국 현대시 100년—시의 날개를 펴다〉를 수성못 상단공원에서 가지다. 초청 예술인으로는 시낭송가 오영희, 서도숙, 오순찬, 국악 임은숙, 성악 양원윤, 김기덕, 기악 김상태, 시노래 진우 제씨가 참여하고, 회원으로는 김정신, 신중혁, 이자규, 엄원태, 윤일현, 문인수 회원이 참여하여 시낭송과 노래, 강연 등을 하다. 또 1부와 2부 사이에는 2008년 시집 출간 시인(박상옥 외 13명) 축하기념패 증정과 시민 오행시짓기 시상식도 가졌다.

11월 15일 대구시인협회상 예심에 회원 44명이 추천하여 김용락 외 6명을 뽑다.

11월 20일 제18회 대구시인협회상 본심 심사를 원지원 한정식당에서 가지다(수상자 김용락, 수상시집 『조탑동에서 주워들은 시 같지 않은 시』, 심사위원 : 이기철, 이태수, 박정남, 이하석, 배창환). 이어서 송년이사회를 열어 대구시인협회상 경과 보고, 『대구의 시』 출판, 송년회, 신입회원 인준 등의 안건을 다루다.

12월 23일 연간작품집 『대구의 시』 출판기념회 및 제18회 대구시인협회상 시상식을 겸하여 〈송년의 밤〉을 제이스호텔에서 가지다.

2009년

2월 26일 상반기 임원회의를 올래식당에서 열고 연간 행사에 대한 계획 수립 및 일정 등을 논의하다.

4월 3일 상반기 시협 이사회를 올래식당에서 봄 야유회 및 상반기 출판기념회에 대한 행사 점검 및 인준을 거치다.

4월 18일 봄 야유회 및 상반기 출판기념회를 팔공산 하동정씨 재실 만취헌에서 시행, 주제발표 : 김동원, 이상규 회원, 시집 출간 회원 이태수, 박정남, 류인서, 유가형, 천수호 축하하다.

7월 21일　하반기 임원회의를 길조식당에서 가지고, 하반기 행사에 대한 계획 및 준비, 점검을 논의하다.

9월 24일　하반기 시협 이사회를 길조식당에서 가지고 시의 날 기념행사를 논의, 인준하다.

10월 31일　'시의 날 기념—시의 대구를 노래하다' 행사를 푸른방송 아트홀에서 임진수의 문학강연, 임은숙의 국악가요, 대구재능시낭송협회의 시극 「대구를 노래하다」, 김준우, 오석운의 기악연주, 시민참여 시낭송, 심민경의 시노래, 시집 출간 회원(김두한, 정경자, 박윤배, 전태련, 공영구, 김욱진, 장혜승, 김위숙, 박창기) 축하연 및 일렉캣츠의 축하공연을 가지다.

11월 18일　제19회 대구시인협회상 본심 심사를 상락식당에서 가지다. 1차 회원 추천 결과 5권의 시집이 본심에 올라 심의 결과 수상자로 박윤배 시인이 선정되다(수상시집 『붉은 도마』, 심사위원 : 권기호, 이진흥, 서정윤, 김용락).

11월 20일　송년 이사회를 상락식당에서 연간작품집 『대구의 시』 출판기념회, 대구시인협회상시상식 및 송년의 밤 행사 논의, 신입회원 인준을 하다.

12월 18일　'대구시협상 시상' 및 연간작품집 『대구의 시』 출판기념 송년의 밤 행사를 프린스호텔 본관 2층 갤럭시홀에서 가지다.

2010년

2월 18일 대구시인협회 정기총회에서 제10대 대구시인협회 회장 김세웅, 감사 정지강, 노현수 회원이 선임되다.

3월 11일 상반기 시협 이사회를 대경 한정식당에서〈봄 야유회 및 상반기 출판기념회에 대한 행사 점검 및 인준을 거치다.

3월 16일 대구시인협회 봄 소식지를 발간하다.

4월 10일 〈봄 야유회 및 상반기 출판기념회〉를 파계사 팔각정에서 시행하다. 주제발표에 고희림, 이승주 회원, 강문숙, 김선굉, 문차숙, 이승주, 정숙 회원의 시집 발간을 축하하다.

8월 18일 하반기 시협 이사회 및 시의 날 수성못 수변공원 이용을 논의 점검하다.

9월 6일 하반기 시협 이사회를 대경 한정식당에서 가지고 시의 날 기념행사 및 신입회원 입회를 논의, 인준하다.

10월 30일 '2011 대구세계육상선수권대회 성공 기념' 및 시의 날 축하행사를 수성못 수변공원 야외무대에서 가지다. 시낭송 신영조, 박이화, 김선굉, 노현수, 이구락, 서하, 이해리, 박경조, 김욱진, 황영숙 회원, 손풍금·색소폰 황인동 회원, 시극 이현순, 시노래 성규징 가수, 오카리나·팬플룻 연주 손방원, 문학 강연 순으로 진행되다. 시집 출간(이구락, 노현수, 서하, 이해리, 김주곤 회원) 축하연 겸하다.

11월 18일 제20회 대구시인협회상 본심 심사를 대경 한정식당에서 가지다. 1차 회원

시집 11권 추천 결과 6권으로 압축되다. 2차 심사에서 2권이 상정, 최종 본심 결과 수상자로 강문숙 시인이 선정되다(수상 시집 『따뜻한 종이컵』, 심사위원 : 이진흥, 이기철, 이하석, 이태수, 박윤배).

12월 23일 송년회 밤 및 대구시협상 시상식, 연간작품집 『대구의 詩』 출판 기념회 및 신입회원 축하를 프린스호텔 본관 3층 프린스 홀에서 가지다.

2011년

3월 4일 상반기 시협 이사회를 대경 한정식에서 '통영문학기행·출판기념회'에 대한 행사 점검 및 인준을 거치다.

4월 17일 통영문학기행으로 청마문학관, 김춘수문학관, 박경리자료관을 탐방하다. 이하석, 정하해 회원의 시집 발간을 축하하다.

6월 21일 하계 시협 이사회를 개최하다. 봄 야유회 및 대구시협 20주년 자선 대표시선 『대구, 詩의 불꽃』 출간을 논의하다.

9월 19일 하반기 시협 이사회를 개최하다.

10월 30일 2011년 신입회원 입회 심사 및 시의 날 행사를 인준하다. '2011 대구 시민과 함께하는 시의 날 축제, 시가 주인공이다'를 개최하다. 대구시협 20주년 자선대표시선 『대구, 詩의 불꽃』 출판기념회를 가지다. 시집 출간 권운지, 박소유, 박숙이, 박진형, 여정, 이정화, 윤성도, 장혜랑, 정이랑, 정태일, 황명자, 황명자, 황영숙 회원 출판기념회를 열다.

11월 5일 2011년 대구시인협회상 본상 심사를 대경 한정식당에서 가지다. 1차 회원 시집 13권 중 추천 결과 3권으로 압축하다.

2차 심사에서 2권을 상정, 최종 본심 결과 수상자로 권운지 시인이 선정되다(수상집 『갈라파고스』, 심사위원 : 이기철, 박정남, 이구락, 서지월, 강문숙).

12월 15일 연간작품집 『대구의 詩』 출판기념회, 송년회 밤 및 대구시협상 시상식, 신입회원(김은영, 안연화, 이무열, 지정애) 축하를 프린스호텔 본관 3층 프린스홀에서 개최하다.

2012년

1월 10일 대구시인협회 박영호 회장 취임에 따른 운영진이 구성되다. 부회장 강문숙, 서정윤, 황명자, 사무국장 박윤배, 편집국장 우영규, 재무국장 김은령, 사무간사 이무열, 김은영, 손훈희, 편집간사 안연화, 재무간사 지정애, 감사 노현수, 정지강으로 새 임원진을 구성하다.

2월 23일 제11대 첫 이사회를 용지봉식당에서 가지다. 봄 야유회(문학기행 세미나 건), 소식지(회보 건), 예산신청에 따른 특색사업 건, 협회 온라인카페 활성화 방안, 연중 행사 등 전체적인 계획을 토의하다.

4월 29일 봄 문학기행을 부안 변산반도로 회원 38명이 다녀오다.

5월 24일 상반기 회원출판기념회 및 문학세미나를 레스토랑 케냐에서 가지다. 이태수 시인의 〈2012년 봄을 여는 대구의 시〉로 문학세미나를 열다. 시집 출간(김주곤, 김은령, 정 숙, 이정화. 손진은, 하청호) 축화연을 가지다.

6월 25일 제1회 청소년 시문학상을 제정하다. 시의 중심도시 대구가 향후에도 한국시단의 우위를 점할 수 있도록 미래의 인재를 발굴, 육성하는데 목적을 두고 청소년 시문학상을 제정하고 공모하다.

10월 11일 제11대 2차 이사회를 용지봉식당에서 가지다. ①하반기 회원출판기념회겸 시의 날 행사일정과 규모 ②신입회원 가입에 따른 제반사항 ③사단법인 전환에 따른 발기인, 등기 이사 선임 ④청소년 시문학상 운영 ⑤대구시인협회상 심사위원 구성 등을 의결하다.

11월 1일 '시의 날' 행사를 하반기 시집 출판기념회와 함께 지성학원 문화센터에서 가지다. 회원 및 시민, 문학 지망생 등 150여 명과 함께 이하석 시인의 「대구의 시, 미래를 향해 날다」라는 주제로 문학세미나를 열다. 시집 출간(문인수, 박방희, 서정윤, 손남주, 장하빈, 박지영, 노정분, 안용태, 김연대, 윤희수 회원)가 축하의 자리를 가지다.

11월 15일 대구시인협회 3차 이사회를 대경한정식당에서 개최하다. 신입회원 문병채, 김형범, 박태진, 전 향, 사윤수, 박미숙, 변희수, 석미화, 김상윤, 박언숙, 조혜정, 신윤자, 윤은희, 윤수니, 임창아(15명)를 인준하다. 연회비 인상을 만장일치로 결정하고 현 3만원을 내년부터 4만원으로 인상키로 결정하다. 비활동 회원과 3년 이상 회비미납자는 본인의사 확인 후 정리(제명)토록 의결하다.

11월 19일 제22회 대구시인협회상을 심사하다. 장하빈 시집 『까치 낙관을 선정하다(심사위원 : 이진흥, 이태수, 박정남, 문인수, 권운지).

12월 3일 청소년 시문학상을 심사하다. 사무국장 박윤배, 편집국장 우영규, 재무국장 김은령, 간사 안연화가 심사하여 서진중학교 3학년 최요정의 「고양이 밥」을 금상으로, 경덕여고 2학년 권주연의 「아버지」와 경서중하교 2학년 최현진의 「오래된 대문」을 은상으로, 구암중 1학년 김채원의 「목련나무 우체국」과 중리중학교 3학년 이주영의 「양초」를 동상으로 선정하다.

12월 7일 대구의 詩 원고를 마감하다. 12월 10일 1차 교정, 12월 13일 2차 교정, 12월 15일 3차 교정을 마치고 제작에 들어가다.

12월 21일 연간작품집 『대구의 詩』 출판기념회와 더불어 대구시인협회상 시상식, 신입회원 축하 환영식, 제1회 청소년 시문학상 시상식과 함께 대구시인협회 송년의 밤을 프린스호텔 본관 3층 프린스 홀에서 성대히 가지다.

2013년

3월 4일 용지봉식당에서 이사회를 가지다. 봄 야유회(문학기행 세미나 건), 소식지(회보 건), 예산신청에 따른 특색사업 건, 연중 행사 등 전체적인 계획을 토의하다.

4월 21일 부산 이기대, 울산 간절곶 등으로 봄 문학기행을 다녀오다.

7월 6일 상반기 세미나가 대일동 산딸기까페에서 열리다. 이태수 회원의 「신성한 언어의 새로운 구현을—한국시, 이대로 좋은가」를, 김상환 회원의 「현(玄), 혹은 동양적 사유의 미의식—김현승 다시 읽기」를 주제로 세미나를 열다.

10월 19일 시민과 함께하는 가을 세미나를 해인사 소릿길을 거쳐 해인사 경내를 돌아보았다.

10월 30일 한국시인협회와 대구시협이 시의 날 행사를 함께 가지다.

11월 14일 오후 7시 상락식당에서 대구시인협회상 심사하다. 박정남, 이구락, 이기철, 이하석, 장하빈 등 5명의 심사위원의 심사를 거쳐 류인서 시집 『신호대기』를 제23회 대구시협상으로 결정하였다. 또한 제2회 청소년시문학상 심사를 하였다. 장원에 상인고등 1학년 이은주의 「세탁소」, 차상에 경상여고 3학년 서송애의 「살」, 고산중 2 김성훈의 「게임 속의 삶」 등 뽑았다.

12월 26일 연간작품집 『대구의 詩』 출판기념회와 더불어 대구시인협회상 시상식, 신입회원 축하 환영식, 제2회 청소년 시문학상 시상식과 함께 대구시인협회 송년문학제를 프린스호텔 본관 3층 프린스 홀에서 가지다.

2014년

2월 27일 지성문화센터에서 열린 2014 대구시협 총회에서 12대 회장에 김선굉, 감사에 박상옥, 정재숙 회원을 선출하였다.

3월 8일 제12대 대구시협 신임 임원진 상견례하다. 회장 김선굉, 수석부회장 김호진, 부회장 윤일현, 박이화, 사무국장 서담, 간사 변희수, 임창하, 정이랑, 편집국장 김기연, 간사 김상윤, 사윤수, 재무국장 노현수, 간사 홍영숙 등으로 새집행부가 구성되었다.

3월 30일 대구시인협회 '움직이는 이사회' 열다. 7시 법원 앞에서 관광버스에 타고 충남 아산시 송악면 외암민속마을에 도착하여 2시간 남짓 민속마을을 둘러보고 점심 식사를 한 뒤 천안 시내 아라리오갤러리에 도착하였다. 그림을 관람한 뒤 대청호로 가서 하루를 마감하였다. 벚꽃이 환한 세상 속으로 시인협회 이사들의 의미 깊은 봄나들이었다.

4월 10일 대구시인협회 소식지를 발행하여 회원들에게 우송하다.

7월 12일 진도앞바다 세월호 참사로 모든 문화 행사가 취소되거나 연기되었다. 대구시협도 예외는 아니었다. 우여곡절 끝에 계획하였던 봄행사가 오후 5시부터 8시까지 팔공산 대한수목원 분수대 앞에서 열렸다. '시민과 함께 하는 팔공산 달빛문학캠프'라는 명제로 다양한 행사가 펼쳐졌다. 1부는 상반기 시집출판기념품 전달, 2부 달빛 문학캠프 시낭송 및 공연이 있었다. 민요(박경화), 팬플룻, 대금연주(손방원), 첼로연주(권피나), 시낭송(오순찬, 박영희, 정영, 윤미경) 등과 회원들이 자작시 낭송을 하였다. 3부 '우주와 생성의 근원'이란 주제로 엄원태 회원의 문학 세미나도 열었다.

10월 22일 대구시협 하반기 이사회를 대경식당에서 가졌다. 30여 명의 이사들이 참석하여 2014 시의 날 행사 추진 상황과 신입회원을 인준하였다.

11월 1일 '2014년 시의 날' 축제를 세 개의 테마로 열었다.

• 테마 1 : '대구 시민·학생 함께 시티튜어를 타고'

1차 팔공산 코스로 10월 27일(토) 9시 30분 반월당에서 학생 12명, 시민, 시인 28명 등 40명이 반월당→동대구역→동화사→방자유기박물관→불로동고분군 등을 둘러보며 대구의 전통과 시에 대한 향수를 함께 나누었다. 2차 전통

문화 코스로 10월 30일(목) 9시 30분 반월당에서 시민, 시인 등 45명이 반월당→녹동서원→대구보건대 아트센터→방천시장→의료선교박물관 등을 둘러보며 대구의 전통과 시에 대한 향수를 함께 나누었다.

• 테마 2 : 베너시화전

11월 1일부터 11월 30일까지 지하철 범어역 범어아트스트리트 광장에서 열렸다. 회원 55명이 참여하였다.

• 테마 3 : 시의 날 축제 '대구, 詩에 물들다'

11월 1일 오후 5시 범어 지성학원문화센터에서 1부 출판기념회, 2부 공연과 문학강연 등로 나눠 펼쳐졌다. 사회는 김호진 부회장과 김기연 편집국장이 맡아서 펼친 시의 축제는 회원과 시민 100여 명이 참석하여 성황리에 열렸다. 1부 여는 노래(진우), 시낭송(박미란, 황명자), 대금연주(손방원), 무용(김윤서)와 출판기념품 전달, 2부는 시낭송 퍼포먼스(이유선), 회원 자작시 낭송, 문학강연 권기호 원로회원의 '라캉, 하이데거, 선의 언어'에 대한 열강으로 회원들의 열띤 호응을 얻었다.

11월 18일　오후 7시 상락식당에서 대구시인협회상 심사를 하다. 이태수, 이진흥, 김세웅, 박영호, 류인서 등 5명의 심사위원의 심사를 거쳐 황명자 시집 『자줏빛 얼굴 한 쪽』이 제24회 대구시협상으로 결정하였다.

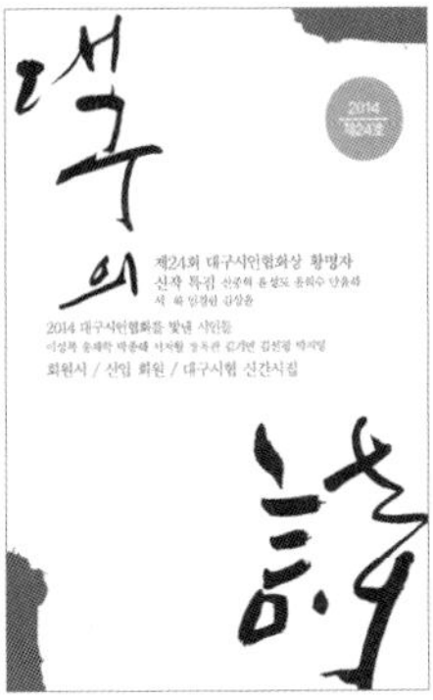

12월 23일　대구시협 송년문학제가 아양아트센터 2층 웨딩하모니에서 열렸다. 이날 송년문학제에는 연간작품집 『대구의 詩』 출판기념회와 제24회 대구시협상 시

상식, 신입회원 상견례, 축하공연 등으로 대구시협의 한 해를 마무리하는 자리가 되었다.

2015년

3월 10일 대구시협 상반기 소식지(신국판, 16쪽 칼라) 펴내 회원에게 우송하다.

4월 10일 오후 7시 건들바위가든에서 상반기 이사회 열어 2015 연간 계획 설명회를 가지다. 또한 신입회원(김종근, 김수상) 인준하다.

6월 23일 ~7월 18일 대구문화재단에서 공모한 '2015 범어아트스트리트 기획전' '대구는 詩다'전이 열렸다.

'대구는 詩다' 기획전에는 어깨를 툭, 치는 시와 그림전(벽면 갤러리), 대구시인협회 시집도서관(스페이스 3~4 전시실), 살아움직이는 전시(스페이스 2 전시실), 시와 그림, 서예와 사진 12인 동행전(스페이스 1 전시실) 등 4부로 나눠 열렸다. 어깨를 툭, 치는 시와 그림전에는 강해림, 고희림, 구옥남, 김기연, 김선굉, 김세현, 변희수, 이하석, 장옥관, 홍승우, 홍영숙, 황명자 등 55명이 참여하였다. 또한 대구시인협회 시집도서관(스페이스 3~4 전시실)에서 전시된 267권은 전시 뒤 대구문학관에 기증하였다.

살아움직이는 전시(스페이스 2 전시실)에는 문인수석전, 도예전 등이 열렸고, 시와 그림, 서예와 사진 12인 동행전(스페이스 1 전시실)은 화가 이규목, 정태경, 김경혜, 권기철, 이영철, 홍창용, 박철호, 김병호, 김은아, 서예가 리홍재, 사진작가 박진우, 유병찬 등이 참여하여 전시를 빛내주었다.

9월 18일 오후 7시 대경식당에서 이사회 열어 '대구는 시다' 경과보고, 2015년 시의 날 행사, 하반기 일정 점검하다.

10월 20일 대구시협 하반기 소식지(신국판, 32쪽 칼라) 펴내다.

10월 23일 시의 날 행사가 화원 사문진나루에서 '낙동강에 시의 배를 띄우다'를 열었다. 1부 사문진나루에 시의 깃발을 올려라는 회원 육필시 깃발 만들기, 진우 시노래, 시 퍼포먼스 이유선, 시가 있는 춤 이귀선, 신윤자, 안윤하, 김상연, 박태진 등 회원 시낭송이 있었다. 5시부터 2부 노을 속으로 시의 풍류를 싣고는 유람선 한 척을 전세내어 회원과 시민 등 70여 명이 승선하여 시조창 김영리, 대금 이수준, 옛가요 이춘호 등의 선상공연과 정재숙, 심강우, 박언숙, 김청수 회원의 선상시낭송회가 있었다.

10일 31일 시의 날 축제로 회원 시집 출판기념회와 문학강연이 범어동 지성학원 강당에서 열렸다. 우영규, 전태련, 신구자, 서 하, 이자규, 한상권 회원의 시낭송, 이하석 회원이 「시란 무엇인가?」라는 주제로 문학강연을 하였다. 또한 황인동 회원의 아코디온 연주로 「숨어우는 바람소리」, 「가을을 남기고 간 사람」과 윤일현 회원의 기타로 함께 부르는 동요로 한결 분위기가 고조되었다.

11월 12일 7시 대경식당에서 이사회 열어 시의 날 행사 경과 보고, 신입회원(김강석, 손수여, 심인자, 박봉화) 인준, 하반기 일정표 논의하다.

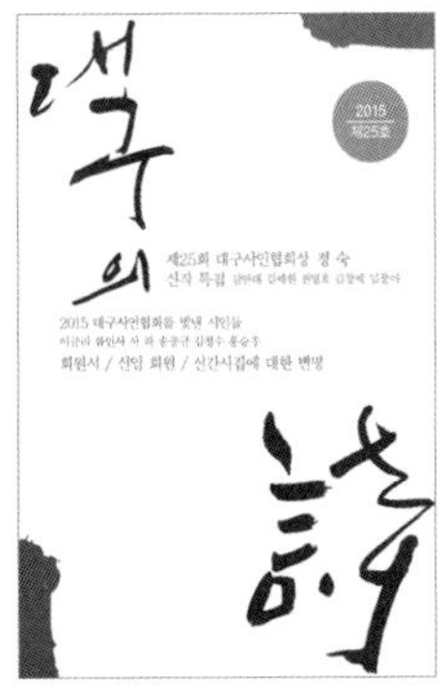

11월 25일 오후 7시 상락식당에서 대구시협상을 심사하다. 이하석, 이구락, 김선굉, 황명자 등 4명의 심사위원이 심사를 거쳐 정 숙 시집 『청매화 그림자에 밟히

다』를 제25회 대구시협상으로 선정하다.

12월 23일 대구시협 송년문학제가 프린스호텔 본관 2층 갤럭시홀에서 열렸다. 이날 송년문학제에는 연간작품집 『대구의 시(신국판, 288쪽)』 출판기념회, 제25회 대구시협상 시상식, 신입회원 상견례 축하공연은 사윤수 회원의 한국전통춤, 민제의 색소폰 연주로 흥을 돋구워 대구시협의 한 해를 마무리하는 자리가 되었다.

2016년

2월 27일 대경식당에서 열린 2016 대구시협 총회에서 13대 회장에 박진형, 감사에 김동원, 노현수 회원을 선출하였다.

3월 4일 제13대 대구시협 신임 임원진 상견례하다. 회장 박진형, 수석부회장 윤일현, 부회장 이동백, 박소유, 사무국장 권영호, 간사 김청수, 박언숙, 최애란, 편집국장 윤희수, 간사 신영조, 이향, 윤은희, 신설된 홍보국장 김강석, 간사 신윤자, 재무국장 홍영숙, 간사 김형범 등으로 새집행부가 구성되었다.

3월 17일 상반기 이사회를 가지다. 신임 이사들과 상견례를 겸한 이사회에서 봄 야유회와 13대 시협의 방향에 대해 심도 깊은 토의를 나누다. 13대 새 집행부는 '시로 행복하자'는 슬로건을 내걸고, 그 첫번째 작업으로 대구시협 카페(cafe.daum.net/dgpoetry)를 새롭게 단장하겠다고 포부를 밝혔다.

3월 29일 시협 까페에 '이 주의 시인'으로 노태맹 시인을 선정하고, 대표시 10편과 산문, 프로필 사진, 약력 등을 게재하였다.

4월 2 일 영남일보사와 특약을 맺고 매주 토요일 16면 출판면에 '이 주의 시인'의 시 1편을 싣기로 하고, 노태맹 시인의 시 「백일

홍은 사막이다」를 첫 게재하다. 이 사업은 영남일보사와 향후 2년간하기로 결정하다.

4월 23일　봄 야유회로 문경 일원을 다녀오다.

6월 18일　야외이사회를 사문진나루에서 열고 유람선을 타고 노을 비낀 낙동강을 누비며 본회의 일정에 대해 심도깊게 논의하다.

9월 12일　대구광역시교육청과 양해각서를 교환하고 영상시 40편을 제공하여 '아침독서 10분 시간'에 들려 주기로하다. 가장 감수성이 예민한 중·고생들에게 대구시의 진수를 심어줄 것이다.

10월 13일　하반기 이사회를 열고 시의 날 행사 및 송년의 밤 행사 토의하다.

10월 26일　시의 날 행사로 사문진나루에서 '유상곡수연, 술 한 잔에 시 한 수로'를 펼치다. 포석정의 유상곡수연을 빌려와 사문진나무 분수대 아래로 막걸리 잔을 띄우고 자기에게 내려오면 막걸리를 한 잔하고 자작시 한 수로 낭만을 즐기다. 시노래 진우, 무용 이귀선, 대금 이수준, 옛가요 이춘호 제씨 등이 함께 시의 날 행사를 빛내주었다.

10월 31일 ~11월 5일　영남일보 초대 '시로 행복하자 동판시전(銅版詩展)'을 열다.

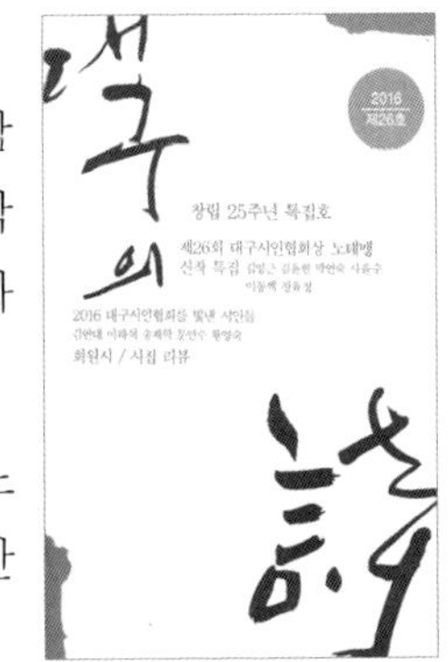

11월 10일　第26회 대구시협상 노태맹(시집 『벽암록을 불태우다』, 심사위원 이태수, 박정남, 김선굉, 박진형, 정 숙)을 선정하다.

12월 21일　시로 행복하자 선집 1 『詩, 희망을 노래하다』, 연간작품집 『대구의 시』 발간하다.

12월 22일 창립 25주년 송년문학제 프린스호텔에서 열다. 『詩, 희망을 노래하다』, 연간작품집 『대구의 시』 출판기념, 대구시협상 시상식 겸하다.

2017년

3월 30일 상반기 이사회를 가지다. 창녕 성씨 고택, 관룡사, 우포늪 일원에서 학술세미나 〈물과 늪의 생명시학〉 행사 계획을 토의하다.

5월 20일 ~21일 학술세미나 〈물과 늪의 생명시학〉와 국악공연 등을 성씨 고택에서 가지고 다음 날 우포늪에서 대구의 시 리본달기 및 보물찾기 우포늪 일원을 탐방하였다.

9월 26일 하반기 이사회를 가지다. 2017년도 〈시의 날〉 행사 계획을 세우다.

10월 31일~11월 5일 〈시의 날〉 행사, 「2017 육필시화전 및 회원 시집도서전」을 서부도서관 갤러리 및 1층 로비에서 가지다.

〈2017년 시의 날〉 행사를 1층 갤러리에서 가지다. 시낭송, 국악공연, 하모니카, 색소폰 연주, 통키타 등 연주, 공연과 해방이후 60년대 대구시의 풍경에 관한 문학강연을 가지다.

〈회원시집도서전〉 시집과 〈회원 육필원고〉를 서부도서관 향토문학관에 기증하다.

11월 14일 제27회 대구시협상 김윤현 시인(시집

『발에 차이는 돌도 경전이다』, 심사위원 노태맹, 박진형, 이기철, 이진흥, 이하석을 선정하다).

11월 16일 대경식당에서 이사회를 가지다. 〈신입회원 입회심사〉 및 〈송년의 밤〉 행사를 토의하다.

12월 20일 2017 『대구의 시』 연간작품집과 『행복, 詩로 답하다』를 발간하다.

12월 21일 송년문학제를 프린스호텔에서 열다. 시로 행복하자 선집 2 『행복, 詩로 답하다』, 연간작품집 『대구의 시』 출판기념, 제27회 대구시협상 시상식을 가지다.

2018년

1월 30일 대경한정식에서 열린 2018년 총회에서 회장에 윤일현, 감사에 김은영, 김청수 회원을 선출하였다.

2월 27일 제14대 대구시협 신임임원진 상견례를 대경한정식에서 가졌다. 회장 윤일현, 수석부회장 박소유, 부회장 김동원, 박태진, 사무국장에 박언숙, 간사 최애란, 이희숙, 문성희, 편집국장 변희수, 간사 김상윤, 사윤수, 임창아, 재무국장 홍영숙, 곽도경, 홍보국장 서 담, 간사 신윤자, 지정애 회원으로 새집행부가 구성되었다.

3월 14일 대경한정식에서 상반기 이사회를 가지다. 새 집행부가 끌어갈 2018년 대구시협의 발전 방향을 모색하고 연간 치러야할 행사 계획을 세웠다. 첫 행사로 봄 문학기행을 4월 21일로 결정하고 장소로는 안동과 영주 일원을 다녀오기로 하였다. 상화문학제 일원화 추진을 위한 성명서 발표등 논의가 있었다. 35세 이하 젊은 시인 입회비 없이 영입하기로 결정하였다.

4월 21일 봄 문학기행을 안동 병산서원, 봉정사, 영주 무섬마을 일원을 다녀왔다. 병산서원에서 장옥관 시인의 야외 문학세미나 「강의목눌, 경상도 미학의 밑자리」 강의가 있었고, 많은 회원들의 참석으로 성황리에 마쳤다.

6월 26일 삼복더위 속에 이사회를 범어동 제형면옥에서 이사회를 가지다. 2018년 〈시의 날〉 행사 구체적인 논의와 후반기 시인협회 행사 일정을 집중적으로 토의하다.

10월 31일 ~11월 4일 5일간 〈2018년 시의 날〉 행사를 중앙도서관 가온갤러리에서 시도예전 〈흙과 불로 빚은 시〉를 기획 전시하였다.

11월 2일 사문진나루 주막촌 일대에서 '시민과 함께하는 2018년 시의 날' 행사로 회원들이 준비해 온 시집을 현장에서 나눔하고 참여한 시민들의 자발적 시낭독을 들었다. 이어서 유람선을 타고 옛 선비들의 선유를 재현하는 〈가을강에 詩의 배를 띄우고〉 뱃놀이도 함께 즐겼다. 같이 배를 탔던 시민들과 시낭송을 하며 국악인의 판소리와 신민요 「배 띄워라」와 하모니카 연주를 감상하고 시민들과 함께 동요와 포크송을 합창하며 성황리에 행사를 치뤘다.

11월 4일 중앙도서관에서 문학강연과 대금연주를 감상하며 시낭송도 하였다. 작품 철수와 저녁만찬으로 2018년 〈시의 날〉 행사가 마무리가 되었다. 시와 도자기의 만남 사화집 『흙과 불로 빚은 시』를 발간하다.

11월 9일 하반기 이사회를 대경한정식에서 열고 〈대구시협상〉 심사 일정과 〈신입회원 인준심사〉, 〈송년문학제〉 일정을 구체적으로 토의하다.

11월 19일 제28회 대구시인협회상에 정하해 시인의 시집 『바닷가 오월』(심사위원 박진형, 김윤현, 장하빈, 엄원태, 김선굉)을 선정하다.

2월 19일 2018년 송년문학제를 그랜드호텔에서 열고 연간작품집 『대구의 시』 출판기념회와 시협상 시상식, 신입회원 환영회를 겸한 송년의 밤을 가지다.

2019년

3월 14일 저녁 대경한정식에서 2019년 상반기 이사회를 열어 한 해 동안의 협회 행사를 점검하고 기획과 공연 방향을 논의하여 집행부에서 진행하며 행사를 성황리에 끝낼 수 있도록 상호 협조하기로 협의하다. 연례행사로 봄 문학기행을 4월 6일(토) 결정, 장소는 전남 구례군 일대를 정하다. 올해 시인협회가 직접 2차례 진행해야 할 〈찾아가는 시음악회〉를 설명하다. 시인협회가 새롭게 맡은 프로그램이라 좋은 기획으로 성공적인 공연으로 이끌기 위해 협력하기로 하다.

4월 6일 봄 문학기행을 온갖 꽃들이 한창 흐드러지는 좋은 날씨에 전남 구례군으로 떠나다. 운조루와 사성암을 둘러보고 엄원태 시인의 문학 강의 「나무, 생명과 상호존중의 이야기」를 듣고 구례군에서 운영하는 농업기술자연생태관에서 자연에서는 흔히 볼 수 없는 많은 자료들을 관람하며 눈부신 봄날을 만끽하고 돌아오다.

6월 4일 윤일현 회장의 주선으로 청아람에서 집행부 간담회를 갖고 더위를 피하는 방법으로 하계 야외로 가는 이사회를 제안, 구체적인 일정을 논의하다.

7월 6일 〈야외로 간 이사회〉를 35명이 참석한 가운데 해인사에서 열리다. 대구의 무더위를 뒤로하고 천년송이 들어찬 해인사의 시원한 계곡을 거닐며 후반기 행사에 대해 논의하다. 해질녘, 범종각에서 열리는 타종예불을 경건한 마음으로 참석하며 더위를 잊고자 했던 야외이사회를 매우 흡족하게 다녀오다.

9월 1일 〈찾아가는 시음악회〉 제1차 공연을 문화예술회관 동편 무대에서 열다. 많은 시민들이 참석한 가운데 신간시집을 낸 시인들의 시집을 나누어주고 시인과 시민이 시를 직접 낭독하며 한결 화기애애하고 시민의 곁으로 찾아가는 알찬 프로그램이었다.

9월 26일 수성구립 용학도서관에서 윤일현 회장과 김상진 관장은 지역 주민을 위한 시 문화 보급 및 독서문화 진흥을 위한 상호 협력을 다지는 체결하다. 〈詩 라키비움〉 운영과 독서문화 환경 확대 등을 함께 힘쓰기로 약속하다.

9월 28일 2차 〈찾아가는 시음악회〉를 월광수변공원에서 많은 시민들과 회원들이 함께 문학적인 분위기에서 시집을 나누며 유익한 한 때를 보내다. 시민과 가깝게 다가가자는 찾아가는 시음악회, 두 번 째의 공연을 끝으로 찾아가는 시음악회 대단원의 막을 내리다.

10월 18일 ~19일 경상북도의 서원 유네스코등재 기념 이벤트로 시인협회 회원들이 초대되어 서원문화체험을 안동 일원의 서원과 하회마을 등에서 1박2일간 20여 명의 시인들이 의미 있는 체험을 하다.

10월 31일 〈2019 시의 날〉 행사를 용학도서관 1층 로비에서 부채시화전인 '시인들의 가을 바람전'을 기획 전시하다.

11월 2일 사문진나루터 피아노 무대에서 시민들과 함께하는 〈2019 대구시의 날〉 공연을 시민들과 함께 1부 행사와 곧이어 2부 선유놀이 재현으로 유람선상에서 시민의 시낭독과 시인이 화답하는 릴레이 시낭독, 그리고 사문진의 일몰 감상하며 성황리에 마치다.

11월 3일 2019 시의 날 행사 마지막 날, 지역주민을 비롯한 많은 문인들이 참석하여 이태수 시인의 「나의 길, 나의 시」 문학강연을 끝으로 〈2019 시의 날〉의 모든 행사를 마무리짓다.

11월 8일 하반기 이사회를 대명동 삼대곰탕집에서 열고 시의 날 행사 결과와 시인협회상 심사일정을 논의하다. 신입회원 인준심사 유보를 결정하고 송년문학제 일정을 구체적으로 정하다.

11월 28일 제29회 대구시인협회상 박미란 시인의 시집 『누가 입을 데리고 갔다』(심사위원 박정남, 이태수, 이하석, 장옥관, 정하해)를 선정하다.

12월 15일 2019년 연간작품집 『대구의 시』를 발간하다.

12월 18일 2019년 송년문학제를 그랜드호텔에서 열고 『대구의 시』 출판기념회와 시인협회상 시상식 및 첫시집 출판기념회를 겸한 송년의 밤을 가지다.

2020년

1월 30일 총회일을 내부적으로 결정하고 마무리 준비 중에 '코로나19' 창궐로 예약 장소 취소와 총회를 잠정 연기하다.

2월 18일 연기된 총회일을 다시 공지하고 총회 당일아침 31번 확진자 발생, 대구지역 최초 감염환자로 인하여 긴급하게 총회를 취소하다.

3월 17일 고문단에서 윤일현 회장의 연임을 의결하여 결정함에 따라 고문단의 결정문과 회장 수락문을 2장의 서신으로 우편발송하다.

3월 23일 '코로나19 대구경북' 기획을 집행부에서 협의하고 시협 카페에 코로나19 원고 수록 코너를 개설하다.

5월 17일 제15대 집행부가 구성되다. 회장 윤일현, 부회장 박태진(수석), 정하해, 황영숙, 사무국장 박언숙, 간사 이희숙, 문성희, 홍보국장 신윤자, 간사 모현숙, 편집국장 김상윤, 간사 최애란, 차회분, 재무국장 서 담, 간사 곽도경, 감사 김창제, 황명자 회원을 선임하다.

6월 10일 95명 원고가 접수 마감되었고 후원자 2명의 후원금으로 출판 및 고료 각 3만원 입금 완료하다.

6월 22일 몇 차례 편집 교정 작업을 거쳐 대구시인협회 코로나19 엔솔로지 『아침이 오면 불빛은 어디로 가는 걸까』를 출간하다.

7월 1일 대구시인협회 전회원과 코로나19 의료진, 자원봉사자, 관공서 등 광범위하게 코로나 관련 엔솔로지를 발송하다.

7월 16일 하계 이사회를 '제형면옥 범어점'에서 조심스럽게 개최하다.

7월 28일 회장단 및 집행부 연석회의를 열고 7월 이사회 결의 사항 이행을 위한 업무 분담과 일정을 구체적으로 추진하기 위한 방안을 논의하다. 코로나19 엔솔로지 『아침이 오면 불빛은 어디로 가는 걸까』 출판기념회를 겸한 총회 개최의 필요성을 강조하여 8월 마지막 주 중에 총회를 개최하기로 결의하였으나 코로나19의 수도권 지역 집단감염과 추석 명절을 앞두고 정부의 재확산에 따른 강도 높은 거리두기 정책으로 연기되다.

10월 10일 〈2020년 시의 날〉 행사를 코로나19의 지속적인 감염확산으로 인해 공연, 전시행사가 어려워져 『대구시인협회 30년사』 발간으로 사업을 변경하여 교부금 신청을 하다.

11월 9일 코로나19의 연이은 지역 확진자 발생으로 인해 하반기 이사회 개최도 회의 하루 전날 긴급 취소하다. 따라서 신입회원 인준심사도 다음으로 연기되었다.

12월 7일 평소의 시협상 심사절차를 예심형식으로 이사회가 참여하는 방식으로 변경하다. 1년간 출판한 회원시집 30권을 전 임원진이 2권씩 제한시간 안에 SNS 참여 추천을 하는 방식이다. 상위 5권을 예심에서 걸러 본심으로 제출하였고, 심사위원은 같은 방법으로 각 1명 추천 받아 득표순 4명과 전 수상자를 포함 5분을 초빙하다.

12월 9일 제30회 대구시협상 수상자로 송진환 시인의 『11월의 저녁』(심사위원 이하석, 이기철, 송종규, 장옥관, 박미란)이 선정되다.

12월 20일 연간작품집 『대구의 시』 30호를 발간하다.

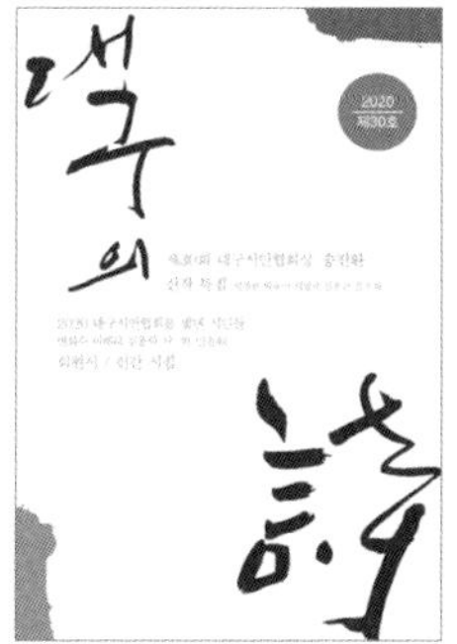

12월 27일 코로나19 재확산으로 2020년 대구시인협회 송년문학제 간편하게 치러다.

12월 31일 대구시인협회의 30년 역사를 엮은 『대구의 詩, 시공을 관통하는 화살—대구시인협회 30년사』를 발간하다.

대구시인협회 회칙

제1장 총칙

제1조 (명칭) 본회는 대구시인협회라 한다.

제2조 (목적) 본회는 회원 상호간의 친목을 도모하며, 회원 각자의 창작 활동과 지역 사회의 시문학 발전에 기여함을 목적으로 한다.

제3조 (사업) 본회는 전조의 목적을 달성하기 위하여 다음의 사업을 한다.

1. 기관지 발간
2. 대구시인협회상 시상
3. 회원 상호 부조 및 친목 사업
4. 문학 강좌, 시화전, 강연회, 시인과 독자와의 대화, 창작 세미나, 연구발표회 개최

제4조 (사무소) 본회의 사무소는 대구광역시 내에 둔다.

제2장 회원

제5조 (자격) 본회의 회원은 입회] 당시 대구광역시를 생활권으로 하여 본회의 목적에 찬동하며, 이사 2인 이상의 연명 추천을 얻어 이사회 참석이사 과반수 찬동의 인준을 받은 시인이어야 한다. 신입회원 입회는 최종 등단 2년이 경과하여야 한다.

제6조 (권리) 회원은 회칙과 제 규정의 정하는 바에 따라 본회의 운영 및 사업에 참여할 수 있으며, 평등한 선거권과 피선거권을 갖는다.

제7조 (의무) 회원은 회칙 및 제 규정의 준수, 총회 및 이사회 결의 사항의 이행, 소정의 입회비와 연회비 및 제 부담금을 납부할 의무를 진다.

제8조 (포상과 징계) 본회는 다음과 같은 포상과 징계 규정을 둔다.

1. 본회 발전에 공로가 있는 회원에게는 이사회 의결을 거쳐 포상할 수 있다.
2. 각 회원에게 다음과 같은 사유가 발생했을 때 회장은 이사회 의결을 거쳐 회원을 징계할 수 있다.
   1) 회비 납부 의무를 일정기간 이상 이행하지 아니할 때(3년 이상 회비를 미납한 회원은 권리를 유예하고, 5년 이상 의무를 이행하지 않은 회원은 자진 탈퇴로 간주한다. 권리의 유예라 함은 시협상 대상, 총회의 의결권 등을 의미한다. 회원자격의 복권은 유예회원은 3년 회비 납부, 자진탈퇴 회원은 10만원의 미납 회비 납부로 이루어질 수 있다). 75세 이상 원로회원은 회비를 면제한다(단 본회 입회 10년 경과).
   2) 본회의 사업을 방해하거나 주요한 의무를 이행하지 않을 때
   3) 본회의 명예를 손상하거나 해를 끼친 때
3. 징계의 종류는 제명, 자격 정지, 견책으로 한다.

제3장 임원

제9조 (임원의 종별) 본회는 다음의 임원을 둔다.

•고문 역대회장

• 회 장 1명
• 부회장 3명
• 사무국장, 편집국장, 재무국장, 홍보국장 각 1명(산하에 간사 3명 이내)
• 이 사 30명 내외
• 감 사 2명

제10조 (임원의 선출)

1. 회장 1명은 총회에서 선출한다.
2. 부회장, 사무국장, 편집국장, 재무국장, 홍보국장 및 간사는 회장단에서 선임, 위촉한다.
3. 이사는 회장단에서 선임, 위촉한다.
4. 감사 2명은 총회에서 선출한다.

제11조 (임원의 임무)

1. 회장은 본회를 대표하고 회무를 통리한다.
2. 사무국은 본회의 사업을 운영한다.
3. 편집국은 본회의 기관지 편집, 발행을 담당한다.
4. 재무국은 본회의 재정을 담당한다.
5. 이사는 이사회를 구성하여 회무를 처리한다.
6. 감사는 회무와 재정을 감사하여 총회에 보고하며, 각종 회의에 참석하여 의견을 개진할 수 있다.

제12조 (임원의 임기) 임원의 임기는 2년으로 하되 연임할 수 있다.

제4장 회의

제13조 (회의의 종별) 회의는 총회, 이사회, 회장단 회의로 한다.

제1절 총회

제14조 (총회의 종별) 총회는 정기 총회와 임시 총회로 구분하여 정기총회는 연 1회, 임시총회는 필요에 따라 소집한다.

제15조 (총회의 소집) 정기 총회는 매년 1월중에 소집하고, 임시총회는 이사회의 의결에 따라 회장이 소집하며 회장은 그 의장이 된다.

제16조 (총회 심의 사항) 총회에서는 다음 사항을 심의한다.

1. 회칙 개정에 관한 사항
2. 임원 선거에 관한 사항
3. 사업 계획 및 예산, 결산에 관한 사항
4. 회비 책정에 관한 사항
5. 기타 필요한 사항

제17조 (총회의 의결) 총회의 의결과 회칙 개정은 재석 과반수 이상의 찬동으로 한다.

제2절 이사회

제18조 (이사회의 구성) 이사회는 회장, 부회장 및 이사로 구성하며, 회장이 이를 소집하여 의장이 된다.

제19조 (이사회의 소집) 이사회는 회장, 또는 이사 3분의 1 이상의 요청에 의하여 필요시 소집한다.

제20조 (이사회의 임무) 이사회의 임무는 다음과 같다.

1. 총회에서 위임된 사항
2. 회원 입회에 관한 사항
3. 대구시인협회상 수상자 결정에 관한 사항

제21조 (이사회의 성립 및 의결) 이사회는 출석 이사 과반 이상(위임

도 가능)으로 성립하고 재석 3분의 2 이상의 찬동으로 의결한다.

제3절 재정

제22조 (재정)본회의 재정은 총회에서 책정한 입회비(300,000원), 연회비(50,000원), 이사회비(100,000원), 찬조금 및 기타 수입금으로 충당한다.

제23조 (회비, 이사회비) 회원은 매년 회비 납부의 의무가 있으며 이사(고문도 포함)는 매년 이사회비를 납부할 의무가 있다. 연회비의 증감은 총회의 의결로 결정하고 이사회비의 증감은 이사회의 의결로 결정한다.

제24조 (회계년도) 본회의 회계년도는 매년 1월 1일로부터 12월 31일까지로 한다.

제5장 임원의 역할

제1절 사무국

제25조 사무국은 본회의 사무에 대한 전반적인 기획과 운영을 총괄한다.

제26조 (사무국의 임무)

1. 사무국은 본회의 운영 및 발전을 위하여 제반 시책과 사업을 연구 기획하여 다음 업무를 담당한다.
    1) 총회 소집 및 제안에 관한 사항
    2) 총회 및 이사회에서 수임한 사항
    3) 회비 책정에 관한 사항
    4) 연락 및 회계에 관한 사항

5) 조직 강화 및 관리에 관한 사항
6) 각종 행사 및 사업에 관한 사항
7) 기타 회무 처리에 관한 사항

2. 사무국은 국장, 간사 및 중요 사업 전담 위원을 둘 수 있다.

제2절 편집국

제27조 편집국은 출판에 관한 전반적인 기획과 운영을 총괄한다.

제28조 (편집국의 임무)

1. 편집국은 회원들의 창작 활동을 고취, 격려하기 위하여 제반 시책과 사업을 연구 기획하며 다음 업무를 담당한다.
   1) 기관지 및 공동 작품집 발간에 관한 사항
   2) 시화전에 관한 사항
   3) 창작 세미나 및 연구 발표회에 관한 사항
   4) 기타 창작 및 발표에 관한 사항
2. 편집국은 편집위원, 작품 선정, 편집 및 연구 전담 위원을 둘 수 있으며, 필요에 따라 별도의 위원을 둘 수 있다.

제3절 재무국

제29조 (재무국의 임무)

1. 재무국은 본회의 재무를 총괄한다.
2. 본회의 회계연도에 맞춰 매년 1월 1일로부터 12월 31일까지 결산한다.

제4절 홍보국

제30조 (홍보국의 임무)

1. 홍보국은 본회의 홍보 전반을 관장한다.

2. 홈페지 구축 및 유지, 보수를 한다.
3. 제반 사업을 언론기관과 기타 매체에 널리 홍보한다.

제6장 대구시인협회상 운영

1. 시상 일시
본 상은 매년 1회, 12월에 시상하는 것을 원칙으로 한다.

2. 심의위원
1) 본 상의 심의위원은 3인 이상 5인 이하로 구성하며, 그 중 1인은 직전 연도 수상자로 한다.
2) 심사위원은 회장단의 협의를 거쳐 회장이 위촉하며, 수상자 결정시까지 그 명단을 공개하지 아니한다.

3. 수상자 후보 대상
1) 수상후보 작품은 심사대상 기간 중 창작 시집을 원칙으로 한다.
2) 본 상 수상자는 수상 후보자가 될 수 없다.

4. 수상대상 기간
수상대상 시집(작품)은 전년도 11월~당해년도 10월 말까지의 1년 동안으로 한다.

5. 수상자 선정
1) 수상자는 1인으로 한다.
2) 수상자는 심사위원 전원의 합의에 의해 선정함을 원칙으로 하되, 부득이한 사정으로 전원 합의에 이르지 못할 때는 다수결로 정한다.

6. 시상
수상자에게는 본협회 소정의 상금과 상패를 수여한다.

부칙

제1조 (회칙 제정 및 시행일) 본 회칙은 1991년 5월 31일 창립총회에서 제정 시행한다.

제2조 (관례 준용) 본 회칙에 규정되어 있지 아니한 사항은 일반 관례에 준한다.

회칙 시행 : 1991. 5. 31.
1차 개정 : 2002. 5. 29.
2차 개정 : 2006. 2. 17.
3차 개정 : 2006. 12. 29.
4차 개정 : 2008. 1. 24.
5차 개정 : 2010. 1. 15.
6차 개정 : 2016. 2. 24.
7차 개정 : 2018. 1. 30.

대구시인협회 회원

강문숙 1955년 경북 안동 생
1991년 〈매일신문〉 신춘문예, 〈작가세계〉 등단
시집 『잠그는 것들의 방향은?』, 『신비한 저녁이 오다』 출간

강수정 1949년 경남 밀양 생
2001년 〈문학과 경계〉 등단
시집 『재즈가 흐르는 창 너머 비행기 한 대가』 출간

강시내 전북 군산 생
2011년 〈문장〉 등단

강지희 1963년경북 영천 생
2009년 〈문화일보〉 신춘문예 등단
시집 『파랑을 입다』 출간

강초선 1955년 경남 밀양 생
1997년 〈심상〉 등단
시집 『구멍』 출간

강해림 1954년 대구 생
1991년 〈민족과문학〉, 〈현대시〉 등단
시집 『구름사원』, 『환한 폐가』 출간

강현국 1948년 경북 상주 생
1976년 〈현대문학〉 등단
시집 『봄은 가고 또 봄은 가고』, 『절망의 이삭』, 『견인차는 멀리 있다』, 『고요의 남쪽』, 『노을이 쓰는 문장』, 『구병산 저 너머』 출간

고희림 1960년 강원도 원주 생
1999년 〈작가세계〉 등단
시집 『평화의 속도』, 『인간의 문제』, 『대가리』 출간

공영구 1954년 경북 영천 생
1996년 〈우리문학〉, 2005년 〈심상〉 등단
시집 『엄마의 땅』, 『여자가 거울을 보는 것은』, 『오늘 하루』, 『달빛 비우기』, 『누치떼를 보다』 출간

곽도경 1962년 대구 달성 생
2010년 〈시선〉 등단
시집 『풍금이 있는 풍경』, 『오월의 바람』 출간

곽태조 1933년 경북 선산 생
2013년 〈문장〉 등단

구석본 1948년 경북 칠곡 생
1975년 〈시문학〉 등단
시집 『지상의 그리운 섬』, 『노을 앞에 서면 땅 끝이 보인다』, 『쓸쓸함에 관해서』, 『추억론』, 『고독과 오독에 대한 에필로그』 출간

구양숙 1951년 경북 영일 생
1991년 〈우리문학〉 등단
시집 『봄날은 간다』, 『누구도 아닌 당신에게』, 『사랑은 늘 목마르다』, 『세상이 참 조용하다』, 『잡라담화면배』 출간

구옥남 1948년 대구 생
2003년 〈불교문예〉 등단

권기호
1937년 대구 생
1962년 〈자유문학〉 등단
시집 『서쪽의 풍경』 출간

권길자
1957년 일본 시모노세키 생
1998년 〈시대문학〉 등단

권분자
1960년 경북 청송 생
2013년 〈월간문학〉 등단
시집 『너는 시원하지만 나는 불쾌해』, 『수다의 정석』, 『엘피판 뒤집기』 출간

권영호
1960년 경북 군위 생
1995년 〈문예한국〉 등단
시집 『바람은 속도계가 없다』 출간

권운지
1951년 경북 문경 생
1982년 〈현대시학〉 등단
『소작인의 가을』, 『빈집의 나날』, 『갈라파고스』 출간

권정숙
1949년 경북 영덕 생
2017년 〈문장〉 등단
시집 『고요는 무채색』 출간

김강석
1966년 대구 생
2013년 〈대구문학〉 등단
시집 『새끼손가락』, 『낙조와 풀꽃의 무채색 풍경』 출간

김건화 1963년 경북 상주 생
2016년 〈시와경계〉 등단
시집 『손톱의 진화』 출간

김기연 1964년 경북 의성 생
1993년 〈한국시〉 등단
시집 『노을은 그리움으로 핀다』, 『소리에 젖다』, 『기차는 올까』 출간

김도향 1963년 경북 군위 생
2009년 〈대구문학〉, 2017년 〈시와 소금〉 등단
시집 『와각을 위하여』, 『맨드라미 초상』 출간

김동원 1962년 경북 영덕 생
1994년 〈문학세계〉 등단
시집 『시가 걸리는 저녁 풍경』, 『구멍』, 『처녀와 바다』, 『깍지』 출간

김두한 1956년 경북 군위 생
1988년 〈현대시학〉 등단
시집 『슬플 때는 거미를 보자』, 『해를 낳는 둥지』 출간

김루비 1962년 서울 생
2016년 〈문장〉 등단
시집 『빨간 사과는 열쇠 가게다』 출간

김명희 1948년 경북 김천 생
2006년 〈문예비평〉 등단
시집 『오래된 거울』 출간

김미지 | 1960년 대구 생
1996년 〈월간문학〉 등단
시집 『문』 출간

김민정 | 1954년 부산 생
1995년 〈한국여성문학상〉 등단

김병준 | 1953년 경북 예천 생
1991년 시집 『浦口의 불빛』 등단

김복순 | 1960년 경남 함양 생
2010년 〈시선〉 등단
시집 『정(情) 수리 센타를 찾습니다』 출간

김복연 | 1960년 경북 포항 생
1990년 〈한국문학〉 등단
시집 『봄비 내리는 나라』, 『집이 멀었으면 좋겠다』, 『그늘』 출간

김분옥 | 1944년 대구 생
1994년 〈문예한국〉 등단

김상연 | 1963년 경북 경산 생
1989년 〈우리문학〉 등단

김상윤 | 1964년 강원도 영월 생
2002년 〈문학세계〉 등단
시집 『그대 손은 따스하다』, 『슈뢰딩거의 고양이』 출간

김상환 | 1957년 경북 영주 생
1981년 〈월간문학〉 등단
시집 『영혼의 닻』 출간

김 석 | 1957년 경북 포항 생
2004년 〈시인정신〉, 〈문학청춘〉 등단
시집 『거꾸로 사는 삶』, 『침묵이라는 말을 갖고 싶다』 출간

김선굉 | 1952년 경북 영양 생
1982년 〈심상〉 등단
시집 『장 주네를 생각함』, 『밖을 내다보는 남자』, 『철학하는 엘리베이터』, 『나는 오리 할아버지』, 시선집 『술 한 잔에 시 한 수로』 출간

김세웅 | 1954년 대구 생
1980년 〈시문학〉 등단
시집 『三重奏』, 『날이 갈수록 별은 보다 높이 뜨고』, 『돌아가는 길』, 『칼과 연못』 출간

김세현 | 1955년 대구 생
1989년 〈죽순〉 등단
시집 『립스틱 혹은 총알』 출간

김소운 | 1949년 경북 경주 생
1997년 〈시대문학〉 등단

김숙자 | 1953년 경북 상주 생
2000년 〈현대시〉 등단

김안려

1957년 경북 김천 생
1999년 〈심상〉 등단
시집 『바다의 한숨소리』, 『마두금 연주에 눈물 흘리는 어미소』 출간

김연대

1941년 경북 안동 생
1989년 〈예술세계〉 등단
시집 『꿈의 가출』, 『꿈의 해후』, 『꿈의 회향』, 『나귀 일기』, 『아지랑이 만지장서』 출간

김영근

1954년 대구 생
1993년 〈시와 반시〉 등단
시집 『행복한 감옥』, 『호퍼 씨의 일상』 출간

김옥경

1960년 대구 생
2013년 〈시와 사람〉 등단
시집 『벽에 걸린 여자』, 『바다의 전설』 출간

김용락

1959년 경북 의성 생
1984년 창비시집 〈마침내 시인이여〉 등단
시집 『푸른 별』, 『기차소리를 듣고 싶다』, 『시간의 흰 길』, 『조탑동에서 주워들은 시 같지 않은 시』, 『산수유나무』, 『하염없이 낮은 지붕』 출간

김욱진

1958년 경북 문경 생
2003년 〈시문학〉 등단
시집 『비슬산 사계』, 『행복한 채널』, 『참 조용한 혁명』, 『수상한 시국』 출간

김원중

1936년 일본 교토 생
1953년 〈서울신문〉 신춘문예 동시, 동화 등단
시집 『별』, 『명당 죽집』 출간

김윤현

1955년 경북 의성 생
1984년 〈분단시대〉 등단
시집 『창문 너머로』, 『사람들이 다시 그리워질까』, 『적천사에는 목어가 없다』, 『들꽃을 엿듣다』, 『지동설』, 『발에 차이는 돌도 경전이다』 출간

김은령

1961년 경북 고령 생
1998년 〈불교문예〉 등단
시집 『통조림』, 『차경』, 『잠시 위탁했다』 출간

김은영

1959년 대구 생
2003년 〈미래문학〉 등단
시집 『나비』 출간

김정신

1961년 제주도 생
1991년 〈시세계〉 등단
시집 『묘비묘비묘비』, 『기억 속 줄무늬』, 『이 그물을 어찌하랴』, 『당신이 나의 배후가 되었다』 출간

김정아

1965년 경북 상주 생
2014년 〈문장〉 등단
시집 『채널의 입술』 출간

김종근

1954년 경북 의성 생
2008년 〈심상〉 등단
시집 『홍시』, 『모나리자의 미소』 출간

김종태 | 1932년 경북 경산 생
2013년 〈문장〉 등단

김주완 | 1949년 경북 칠곡 생
1984년 〈현대시학〉 등단
시집 『구름꽃』, 『어머니』, 『엘리베이트 안의 20초』, 『그늘의 정체』 출간

김창제 | 1960년 경남 거창 생
1999년 〈대구문학〉, 2002년 〈자유문학〉 등단
시집 『고물장수』, 『고철에 묻다』, 『녹, 그 붉은 전설』, 『나사』, 『경계가 환하다』 출간

김청수 | 1966년 경북 고령 생
2014년 〈시와 사람〉 등단
시집 『개실마을에 눈이 오면』, 『차 한 잔 하실래요』, 『생의 무게를 저울로 달까』, 『무화과나무가 있는 여관』, 『바람과 달과 고분들』 출간

김현옥 | 1963년 경북 영덕 생
1994년 〈영남일보〉, 1997년 〈매일신문〉신춘문예 등단
시집 『언더그라운드』, 『그랑블루』, 『룸펜들』 출간

김형범 | 1952년 충북 충주 생
2010년 〈사람의문학〉 등단

김호진 | 1955년 대구 생
1994년 〈심상〉 등단
시집 『생강나무』, 『아흐레는 지나서 와야겠다』 출간

김환식 1958년 경북 영천 생
2005년 〈시와반시〉 등단
시집 『산다는 것』, 『낯선 손바닥 하나를 뒤집어놓고』, 『낙인』, 『물결무늬』, 『천년의 감옥』, 『참, 고약한 버릇』, 『버팀목』, 『붉은 혀』 출간

남재만 1937년 대구 생
1979년 〈시문학〉 등단
시집 『까치소리』, 『아스팔트에 고인 빗물』, 『아직도 하늘은』, 『하느님 전상서』, 『꽃은 어디에 피는가』 출간

노태맹 1962년 경북 창녕 생
1990년 〈문예중앙〉 등단
시집 『유리에 가서 불탄다』, 『푸른 염소를 부르다』, 『벽암록을 불태우다』 출간

노현수 1954년 경북 문경 생
2003년 〈시세계〉, 〈다층〉 등단
시집 『방』 출간

도광의 1940년 경북 경산 생
1966년 〈매일신문〉 신춘문예, 1978년 〈현대문학〉 등단
시집 『갑골길』, 『그리운 남풍』, 『하양의 강물』, 『무학산을 보며』 출간

류인서 1960년 경북 영천 생
2001년 〈시와시학〉 등단
시집 『그는 늘 왼쪽에 앉는다』, 『여우』, 『신호대기』, 『놀이터』 출간

류호숙

1947년 충북 영동 생
2003년 〈문예비전〉 등단
시집 『빈 커피 잔에 가을비 내려앉다』 출간

모현숙

1963년 경북 경주 생
2014년 〈조선문학〉 등단
시집 『바람자루엔 바람이 없다』 출간

문병채

1963년 경북 진주 생
2011년 〈시와시학〉 등단

문성희

1961년 경북 고령 생
2013년 〈문장〉, 2015년 〈한국시학〉 등단
시집 『가슴에 묻어둔 침묵』 출간

문수영

1957년 경북 김천 생
2003년 〈시를 사랑하는 사람들〉 등단
시집 『화음』, 『눈뜨는 봄』 출간

문인수

1945년 경북 성주 생
1985년 〈심상〉 등단
시집 『늪이 늪에 젖듯이』, 『세상 모든 길은 집으로 간다』, 『홰치는 산』, 『동강의 높은 새』, 『쉬!』, 『꼭지』, 『그립다는 말의 긴 팔』, 『적막 소리』, 『뿔』, 『배꼽』, 『달북』, 『나는 지금 이곳이 아니다』 출간

문차숙

1965년 경북 성주 생
1990년 〈시문학〉 등단
시집 『사랑은 저지르는 자의 몫이다』, 『앞지르기』, 『빈 집에 돌아오다』, 『나는 굽 없는 신발이다』, 『익은 봄날』 출간

박경조 1955년 경북 군위 생
2001년 〈사람의 문학〉 등단
시집 『밥 한 봉지』, 『별자리』 출간

박경한 1965년 경북 선산 생
1995년 〈오늘의 문학〉 등단
시집 『살구꽃 편지』, 『목련탑』 출간

박국현 1961년 경북 청도 생
1999년 〈다층〉 등단
시집 『붉은가슴울새의 기억』, 『집 허물기』 출간

박금선 1961년 경북 포항 생
2004년 〈문학세계〉 등단
시집 『숲으로 오라』, 『아무 일 없는 것처럼』 출간

박남하 1959년 대구 생
2014년 〈문장〉 등단
시집 『생각, 샤워하다』 출간

박미란 1964년 강원도 황지 생
1995년 〈조선일보〉 신춘문예 등단
시집 『그때는 아무것도 몰랐다』, 『누가 입을 데리고 갔다』 출간

박미숙 1959년 경북 김천 생
2004년 〈영남일보〉 신춘문예 등단

박미영
1963년 대구 생
1995년 〈시와반시〉 등단
시집 『비열한 거리』 출간

박방희
1946년 경북 성주 생
1985년 〈일꾼의 땅〉, 〈실천문학〉 등단
시집 『불빛 하나』, 『세상은 잘도 간다』, 『허공도 짚을 게 있다』, 『사람 꽃』, 『나무 다비』, 『허공도 짚을 게 있다』 출간

박복조
1942년 대구 생
1996년 〈문학시대〉 등단
시집 『차라리 사람을 버려라』, 『세상으로 트인 문』, 『빛을 그리다』 출간

박봉희
1961년 경북 포항 생
2013년 〈시에〉 등단
시집 『복숭아꽃에도 복숭아꽃이 보이고』 출간

박상봉
1958년 경기도 양주 생
1981년 〈시문학〉, 1995년 〈문학정신〉 등단
시집 『카페 물땡땡』 출간

박상옥
1945년 대구 생
1993년 〈심상〉 등단
시집 『내 영혼의 경작지』, 『허전한 인사』, 『세월걸음』, 『아버지의 시간』 출간

박선주
1960년 경북 서울 생
2005년 〈사람의 문학〉 등단

박성호 | 1959년 경북 칠곡 생
2016년 〈국제문예〉 등단

박소유 | 1961년 서울 생
1988년 〈부산일보〉신춘문예, 1990년 〈현대시학〉 등단
시집 『사랑 모르는 사람처럼』, 『어두워서 좋은 지금』, 『너에게 모든 것을 보여주려고』 출간

박숙이 | 1955년 경북 의성 생
1999년 〈시안〉 등단
시집 『활짝』, 『하마터면 익을 뻔했네』 출간

박언숙 | 1960년 경남 합천 생
2005년 〈애지〉 등단
시집 『잠시 캄캄하고 부쩍 가벼워졌다』 출간

박영호 | 1947년 대구 생
1992년 〈시와시학〉 등단
시집 『산길에서 중얼거리다』, 『바람에게 길을 묻다』 출간

박용연 | 1951년 경북 생
2013년 〈문장〉 등단
시집 『풍금』 출간

박유진 | 강원도 속초 생
2005년 〈한국문인〉 등단
시집 『나무들의 숲』 출간

박윤배

1962년 강원도 평창 생
1989년 〈매일신문〉 신춘문예, 1996년 〈시와시학〉 등단
시집 『쑥의 비밀』, 『얼룩』, 『붉은 도마』, 『연애』, 『알약』, 『오목눈이집 증후군』 출간

박이화

1960년 경북 의성 생
1998년 〈현대시학〉 등단
시집 『그리운 연어』, 『흐드러지다』 출간

박재열

1949년 경북 경주 생
1976년 〈매일신문〉 신춘문예, 1978년 〈현대문학〉 등단
시집 『퀼퀼퀼퀼 물소리』, 『은유를 떼기치다』, 『꽃의 빠롤』 출간

박정곤

1959년 경북 군위 생
1993년 〈우리문학〉 등단
시집 『그래 자비란』 출간

박정남

1951년 경북 구미 생
1973년 〈현대시학〉 등단
시집 『숯검정이 여자』, 『길은 붉고 따뜻하다』, 『이팝나무 길을 가다』, 『명자』, 『꽃을 물었다』 출간

박종해

1942년 울산 생
1980년 〈세계의 문학〉 등단
시집 『이 강산 녹음방초』, 『산정에서』, 『풍매』, 『누가 나의 빗장을』, 『고로쇠나무 아래서』, 『울산에서』, 『하늘의 다리』, 『개불』, 『빈병』, 『소리의 그물』, 『사탕비누방울』, 『이슬의 생애』 출간

박주영
1951년 대구 생
1995년 〈심상〉 등단
시집 『문득, 그가 없다』 출간

박지영
1957년 경북 의성 생
1992년 〈심상〉 등단
시집 『귀갑문 유리컵』, 『검은 맛』, 『사적인 너무나 사적인 순간들』 출간

박진형
1954년 경북 경주 생
1985년 〈매일신문〉 신춘문예, 1989년 〈현대시학〉 등단
시집 『몸나무의 추억』, 『풀밭의 담론』, 『너를 숨쉰다』, 『퍼포먼스』, 『풀등』, 『고마 됐다』, 시선집 『길은 헐렁한 자루 같다』 출간

박창기
1946년 경북 포항 생
1990년 시집 『열림을 위한 넋두리』 등단
시집 『또 다른 나를 찾아서』, 『창 밖에 내리는 별빛』, 『나무가 쓴 편지』, 『아직도 못 다한 무념의 그리움』, 『그 바다에 가고 싶다』, 『내 배경에 명예를 달다』, 『사랑을 읽다』, 『바다경전』, 『작은 새』, 『마음꽃을 걸다』, 『나무가 걸어오네』 출간

박태진
1957년 경북 경주 생
2008년 〈문장〉, 2019년 〈시와시학〉 등단
시집 『물의 무늬가 바람이다』, 『히스테리시스』 출간

박형민
1994년 대구 생
2017년 〈시와반시〉 등단

배정향 | 1938년 대구 생
2003년 〈문학예술〉 등단

배창환 | 1955년 경북 성주 생
1981년 〈세계의 문학〉 등단
시집 『잠든 그대』, 『다시 사랑하는 제자에게』, 『백두산 놀러 가자』, 『흔들림에 대한 작은 생각』, 『겨울 가야산』, 『별들의 고향을 다녀오다』 출간

백미혜 | 1953년 대구 생
1982년 〈심상〉 등단
시집 『토마토 씨앗을 심은 후부터』, 『에로스의 반지』, 『별의 집』 출간

백성일 | 1947 년 경북 고령 생
2017년 〈심상〉 등단
시집 『멈추고 싶은 시간』, 『바람이었다』 출간

백종식 | 1950년 대구 생
1988년 〈시문학〉 등단
시집 『록키산맥의 국어선생』, 『나는 섬이 되고 싶다』, 『그리운 무게』 출간

변준석 | 1962년 대구 생
1991년 〈문학세계〉 등단
시집 『이 세상 아름다운 꽃밭이 될까』 출간

변희수 | 1964년 경남 밀양 생
2011년 〈영남일보〉, 2016년 〈경향신문〉 신춘문예 등단
시집 『아무것도 아닌, 모든』, 『거기서부터 사랑을 시작하겠습니다』 출간

사윤수 | 1964년 경북 청도 생
2011년 〈현대시학〉 등단
시집 『파온』, 『그리고, 라는 저녁 무렵』 출간

서 담 | 1961년 경북 군위 생
2001년 〈시와사람〉 등단

서대현 | 1956년 대구 생
1988년 〈불교문학〉 등단
시집 『액땜』 출간

서영처 | 1964년 경북 영천 생
2003년 〈문학 판〉 등단
시집 『피아노악어』, 『말뚝에 묶인 피아노』 출간

서정윤 | 1957년 대구 생
1984년 〈현대문학〉 등단
시집 『홀로서기』1-5권, 『가끔 절망하면 황홀하다』, 『슬픈 사랑』, 『점등인의 별에서』, 『소망의 시』, 『따옴표 속에』 출간

서종택 | 1948년 경북 군위 생
1976년 〈서울신문〉 신춘문예 등단
시집 『보물찾기』, 『납작바위』 출간

서지월 | 1955년 대구 달성 생
1985년 〈심상〉, 1986 〈한국문학〉 등단
시집 『꽃이 되었나 별이 되었나』, 『江물과 빨랫줄』, 『가난한 꽃』, 『소월의 산새는 지금도 우는가』, 『팔조령에서의 별보기』, 『백도라지꽃의 노래』, 『지금은 눈물의 시간이 아니다』 출간

서 하
1961년 경북 영천 생
1998년 〈대구문학〉, 1999년 〈시안〉 등단
시집 『아주 작은 아침』, 『저 환한 어둠』, 『먼 곳부터 그리워지는 안부처럼』 출간

석미화
1969년 경북 성주 생
2010년 〈매일신문〉 신춘문예 등단

성군경
1958년 경북 대구 생
1989년 시집 『흔들리지 않는 건들바위 관사촌』 등단
시집 『흔들리지 않는 관사촌』, 『영천댐 옆 삼귀리 정류장』 출간

성명희
1961년 대구 생
1993년 〈대구문학〉 등단

손남주
1934년 경북 예천 생
1999년 〈해동문학〉 등단
시집 『억새꽃 필 때까지』, 『날개, 파란 금을 긋다』, 『민들레 꽃씨가 날아가는 곳』, 『문득』 출간

손수여
1953년 경북 경주 생
2003년 〈해동문학〉, 2005년 〈문예사조〉 등단
시집 『내 아내는 홍어다』, 『웃기돌 같은 그 여자』, 『반추』, 『숨결, 그 자취를 찾아서』, 『설령 콩깍지 끼었어도 좋다』 출간

손영숙

1949년 경남 마산 생
2014년 〈문학청춘〉 등단
시집 『지붕없는 아이들』 출간

손진은

1960년 경북 경주 생
1987년 〈동아일보〉 신춘문예 등단
시집 『두 힘이 숲을 설레게 한다』, 『눈먼 새를 다른 세상으로 풀어놓다』, 『고요 이야기』 출간

손훈희

경북 문경 생
2009년 〈시와시학〉 등단

송광순

1955년 경북 칠곡 생
1995년 〈심상〉 등단
시집 『나는 목수다』, 『詩야, 미안하다』 출간

송재학

1955년 경북 영천 생
1977년 〈매일신문〉 신춘문예, 1986년 〈세계의 문학〉 등단
시집 『얼음 시집』, 『살레시오네집』, 『푸른빛과 싸우다』, 『그가 내 얼굴을 만지네』, 『기억들』, 『진흙 얼굴』, 『날짜들』, 『검은색』, 『내간체를 얻다』, 『슬프다 풀 끗혜 이슬』 출간

송종규

1952년 경북 안동 생
1989년 〈심상〉 등단
시집 『그대에게 가는 길처럼』, 『고요한 입술』, 『정오를 기다리는 텅빈 접시』, 『녹슨 방』, 『공중을 들어 올리는 하나의 방식』 출간

송진환 | 1948년 경북 고령 생
1978년 〈현대시학〉 등단
시집 『바람의 行方』, 『잡풀의 노래』, 『조롱 당하다』, 『누드 시집』, 『못갖춘마디』, 『하류』, 『11월의 저녁』 출간

송　화 | 경북 칠곡 생
2007년 〈시로 여는 세상〉 등단
시집 『바람의 열반』 출간

신구자 | 1940년 경북 칠곡 생
1994년 〈대구문학〉, 〈불교문예〉 등단
시집 『낫골 가는 길』, 『지금도 능소화는 피고 있을까』 출간

신영조 | 1963년 대구 생
2005년 〈현대시학〉 등단

신윤자 | 1951년 충남 논산 생
2011년 〈심상〉 등단

신중혁 | 1938년 경남 거창 생
1982년 〈현대시학〉 등단
시집 『상수리나무의 잠』, 『말씀』, 『패랭이꽃』, 『겨울 포도원』, 『나무의 변증』, 『해맞이 광장의 공정』 출간

신표균 | 1942년 경북 상주 생
2006년 〈심상〉 등단
시집 『어레미로 본 세상』, 『가장 긴 말』, 『일곱 번씩 일곱 번의 오늘』 출간

심강우 1961년 대구 생
2013년 〈수주문학상〉 등단
시집 『색』 출간

심수자 1957년 충남 부여 생
2014년 〈불교신문〉 신춘문예 등단
시집 『술뿔』, 『구름의 서체』 출간

안연화 1954년 경북 봉화 생
2006년 〈시를 사랑하는 사람들〉 등단
시집 『헐렁한 시간』 출간

안용태 1952년 경북 성주 생
2000년 〈해동문학〉 등단

안윤하 1953년 대구 생
1998년 〈시와시학〉 등단
시집 『모마에서 게걸음 걷다』 출간

엄원태 1955년 대구 생
1990년 〈문학과 사회〉 등단
시집 『침엽수림에서』, 『소읍에 대한 보고』, 『물방울 무덤』, 『먼 우레처럼 다시 올 것이다』 출간

여명춘 1948년 대구 생
2012년 〈문장〉 등단

여 정 1970년 대구 생
1998년 〈동아일보〉 신춘문예 등단
시집 『벌레 11호』 출간

우문상 | 1953년 경남 거창 생
2011년 〈21세기문학〉 등단

우영규 | 1952년 대구 생
1984년 〈매일신문〉 신춘문예, 1989년 〈시맥문학〉 등단
시집 『여왕개미와 도동댁』, 『꼰대』 출간

유가형 | 1946년 경남 거창 생
2001년 〈문학과 창작〉 등단
시집 『백양나무 껍질을 열다』, 『기억의 속살』, 『나비떨잠』 출간

윤성도 | 1946년 대구 생
1984년 〈시문학〉 등단
시집 『시인은 나귀를 타고』, 『주인 없는 망치』, 『악마의 트릴』, 『고통과 함께 잠들다』 출간

윤순희 | 1964년 경남 합천 생
2011년 〈경상일보〉 신춘문예로 등단

윤은희 | 1959년 경북 경주 생
2009년 〈무등일보〉 신춘문예, 2011년 〈시와세계〉 등단
시집 『아르정탱 엿보다』 출간

윤일현 | 1956년 대구 생
1994년 〈사람의 문학〉, 시집 『낙동강』 등단
시집 『낙동강』, 『꽃처럼 나비처럼』, 『낙동강이고 세월이고 나입니다』 출간

윤희수 1955년 경북 상주 생
1991년 〈현대시학〉 등단
시집 『드라이플라워』, 『풍경의 틈』, 『정곡』 출간

은종일 1945년 일본 요꼬스카 생
2017년 〈문학시대〉 등단
시집 『허공 도장』 출간

이구락 1951년 경북 의성 생
1979년 〈현대문학〉 등단
시집 『서쪽 마을의 불빛』, 『그 해 가을』, 『꽃댕강 나무』 출간

이규리 1955년 경북 문경 생
1994년 〈현대시학〉 등단
시집 『앤디 워홀의 생각』, 『뒷모습』, 『최선은 그런 것이에요』, 『당신은 첫눈입니까』 출간

이기철 1943년 경북 거창 생
1972년 〈현대문학〉 등단
시집 『낱말추적』, 『청산행』, 『전쟁과 평화』, 『우수의 이불을 덮고』, 『내 사랑은 해지는 영토에』, 『지상에서 부르고 싶은 노래』, 『열하를 향하여』, 『유리의 나날』, 『내가 만난 사람은 모두 아름다웠다』, 『사람과 함께 이 길을 걸었네』, 『잎 잎 잎』, 『가장 따뜻한 책』, 『꽃들의 화장 시간』, 『풀잎에 쓴 시』, 『흰 꽃 만지는 시간』, 『나무 나의 모국어』, 『산산수수화화초초』 출간

이동백 1955년 경북 경산 생
1996년 〈현대시〉 등단
시집 『수평선에 입맞추다』, 『대구선』 출간

이동순 1950년 경북 금릉 생
1973년 〈동아일보〉 신춘문에 등단
시집 『개밥풀』, 『물의 노래』, 『지금 그리운 사람은』, 『철조망 조국』, 『그 바보들은 더욱 바보가 되어간다』, 『꿈에 오신 그대』, 『봄의 설법』, 『가시연꽃』, 『기차는 달린다』, 『아름다운 순간』, 『마음의 사막』, 『미스 사이공』, 『발견의 기쁨』, 『묵호』, 『멍게 먹는 법』, 『마을 올레』, 『강제이주열차』, 『좀비에 관한 연구』, 『아름다운 순간』, 『독도의 푸른 밤』 출간

이명숙 1949년 경북 영덕 생
1997년 〈월간문학〉 등단

이명주 1953년 경북 대구 생
1992년 〈시문학〉 등단
시집 『집은 상처를 만들지 않는다』, 『곡비』 출간

이무열 1956년 대구 생
2010년 〈유심〉 등단
시집 『묵국수를 먹다』 출간

이상규 1953년 경북 영천 생
1978년 〈현대시학〉 등단
시집 『종이나발』, 『대답없는 질문』, 『거대한 낡은 집을 나서며』, 『헬리콥터와 새』, 『13월의 시』, 『오르간』, 『에르미따』 출간

이수진 1965년 충남 아산 생
2009년 〈현대시〉 등단

이성복

1952년 경북 상주 생
1977년 〈문학과 지성〉 등단
시집 『뒹구는 돌은 언제 잠 깨는가』, 『남해 금산』, 『그 여름의 끝』, 『호랑가시나무의 기억』, 『아, 입이 없는 것들』, 『달의 이마에는 물결무늬 자국』, 『래여애반다라』, 『그 여름의 끝』 출간

이승주

1961년 경북 대구 생
1995년 〈시와시학〉 등단
시집 『꽃의 마음 나무의 마음』, 『내가 세우는 나라』, 『물의 식도』 출간

이유환

1951년 경북 대구 생
1984년 〈현대시학〉 등단
시집 『異邦人의 강』, 『용지봉 뻐꾸기』, 『달의 물방울』 출간

이은재

1946년 충남 공주 생
2012년 〈월간문학〉 등단
시집 『나무의 유적』 출간

이인주

1965년 경북 칠곡 생
2003년 〈불교신문〉 신춘문예, 2006년 〈서정시학〉 등단
시집 『초충도』 출간

이자규

1953년 경북 하동 생
2001년 〈시안〉 등단
시집 『우물 치는 여자』, 『돌과 나비』 출간

이정화

1952년 경북 통영 생
1991년 〈시와시학〉 등단
시집 『포도주를 뜨며』, 『목조미륵보살 반가사유상과 나비』 출간

이진엽

1956년 경북 구미 생
1992년 〈시와시학〉 등단
시집 『아직은 불꽃으로』, 『낯선 벌판의 종소리』, 『겨울 카프카』, 『그가 잠깨는 순간』 출간

이진흥

1945년 경북 서울 생
1970년 〈매일신문〉, 1972년 〈중앙일보〉 신춘문예, 1978년 〈현대문학〉 등단
시집 『별빛 헤치고 낙타는 걸어서 어디로 가나』, 『칼 같은 기쁨』, 『어디에도 없다』 출간

이채운

1965년 경북 성주 생
1997년 〈농민신문〉 신춘문예 등단

이태수

1947년 경북 의성 생
1974년 〈현대문학〉 등단
시집 『우울한 비상의 꿈』, 『물 속의 푸른 방』, 『안 보이는 너의 손바닥 위에』, 『꿈속의 사닥다리』, 『그의 집은 둥글다』, 『안동 시편』, 『내 마음의 풍란』, 『이슬방울 또는 얼음꽃』, 『회화나무 그늘』, 『침묵의 푸른 이랑』, 『침묵의 결』, 『따뜻한 적막』, 『거울이 나를 본다』, 『먼 불빛』, 『내가 나에게』, 『유리창 이쪽』 출간

이하석 1948년 경북 고령 생
1971년 〈현대시학〉 등단
시집 『투명한 속』, 『김씨의 옆얼굴』, 『우리 낯선 사람들』, 『측백나무 울타리』, 『금요일에는 먼산을 본다』, 『녹』, 『고령을 그리다』, 『것들』, 『천둥의 뿌리』, 『연애 間』, 『향촌동 랩소디』, 『다시 고령을 그리다』 출간

이해리 1954년 경북 대구 생
1998년 〈시대문학〉 등단
시집 『철새는 그리움의 힘으로 날아간다』, 『감잎에 쓰다』, 『미니멀 라이프』, 『수성못』 출간

이해숙 1954년 경북 달성 생
2012년 〈한국문단〉 등단

이 향 1964년 경북 경주 생
2002년 〈매일신문〉 신춘문예 등단
시집 『희다』, 『침묵이 침묵에게』 출간

이혜자 1971년 경북 칠곡 생
1995년 〈매일신문〉 신춘문예 등단
시집 『나의 드라마』, 『나에겐 암호가 걸려 있다』 출간

이희숙 1958년 경북 경주 생
2013년 〈동리목월〉 등단
시집 『석류나무 서쪽』 출간

임경림 1961년 경북 고령 생
2002년 〈한국일보〉 신춘문예 등단

임서윤 | 1961년 경북 상주 생
2016년 〈문장〉 등단
시집 『사과의 온도』 출간

임창아 | 1965년 경남 남해 생
2009년 〈시인세계〉 등단
시집 『즐거운 거짓말』 출간

장옥관 | 1955년 경북 구미 생
1987년 〈세계의 문학〉 등단
시집 『황금연못』, 『바퀴소리를 듣는다』, 『하늘 우물』, 『달과 뱀과 짧은 이야기』, 『그 겨울 나는 북벽에서 살았다』 출간

장하빈 | 1957년 경북 김천 생
1997년 〈시와시학〉 등단
시집 『비, 혹은 얼룩말』, 『까치 낙관』, 『총총난필 복사꽃』 출간

장혜랑 | 1946년 대구 생
1996년 〈현대문학〉 등단
시집 『바람의 입』, 『수묵화 치는 밤』 출간

전태련 | 1954년 경북 칠곡 생
2003년 〈사람의문학〉 등단

전　향 | 1960년 경북 김천 생
2005년 〈시사사〉 등단

정경자
1943년 경북 경산 생
2002년 〈문예비전〉 등단
시집 『수수껍질』, 『상처를 꿰매다』 출간

정경진
1954년 부산 생
2001년 〈시현실〉 등단

정대호
1958년 경북 청송 생
1984년 〈문단시대〉 등단
시집 『다시 봄을 위하여』, 『겨울산을 오르며』, 『지상의 아름다운 사랑』, 『어둠의 축복』, 『마네킹도 옷을 갈아 입는다』, 『가끔은 길이 없어도 가야 할 때가 있다』 출간

정 숙
1948년 경북 경산 생
1991년 〈우리문학〉, 1993년 〈시와시학〉 등단
시집 『신처용가』, 『위기의 꽃』, 『불의 눈빛』, 『유배시편』, 『청매화 그림자에 밟히다』, 『연인, 있어요』 출간

정유정
1950년 경북 포항 생
1992년 〈현대문학〉 등단
시집 『보석을 사면 캄캄해진다』, 『아무도 오지 않았다』 출간

정이랑
1969년 경북 의성 생
1997년 〈문학사상〉 등단
시집 『떡갈나무잎들이 길을 흔들고』, 『청어』 출간

정재숙
1946년 경북 영양 생
1989년 시집 『네 시린 발목 덮어』 등단
시집 『네 시린 발목 덮어』, 『몽산집』, 『이런 날이 왔다』 출간

정지강 1948년 충북 청원 생
1991년 〈문학세계〉 등단
시집 『양달이 짙어지면 지워질 자죽』, 『사랑의 빛』 출간

정태임 1951년 경북 생
2007년 〈문학예술〉 등단

정하해 1953년 경북 포항 생
2003년 〈시안〉 등단
시집 『살꽃이 피다』, 『젖은 잎들을 내다버리는 시간』, 『바닷가 오월』 출간

정화진 1959년 경북 상주 생
1986년 〈세계의 문학〉 등단
시집 『장마는 아이들을 눈뜨게 하고』, 『고요한 동백을 품은 바다가 있다』 출간

정　훈 1947년 경북 상주 생
1994년 〈심상〉 등단
시집 『식스시그마』 출간

조기현 1961년 대구 생
1986년 〈시문학〉 등단
시집 『길들의 여행』 출간

조두섭 1948년 경북 예천 생
1978년 〈매일신문〉, 1979년 〈동아일보〉 신춘문예 등단
시집 『눈 내리는 날도 대숲은 파랗다』, 『눈물이 강물보다 깊어 건너지 못하고』, 『망치로 고요를 펴다』, 『참 좋다』 출간

조영린 | 1959년 경북 생
2001년 〈대구문학〉, 〈문학예술〉 등단

조운주 | 1967년 경북 의성 생
2007년 〈리토피아〉 등단

주설자 | 경북 생
2013년 〈시와시학〉 등단
시집 『단풍나무 여자』 출간

지정애 | 1957년 경북 안동 생
2009년 〈서정시학〉 등단

차회분 | 1962년 경남 합천 생
2006년 〈문학세계〉, 2017년 〈시인시대〉 등단
시집 『흐린 날의 고흐』 출간

천영애 | 1967년 경북 경산 생
1998년 〈문예한국〉 등단
시집 『나는 너무 늦게야 왔다』, 『나무는 기다린다』, 『무간을 건너다』 출간

최규목 | 1958년 경북 포항 생
1998년 〈대구문학〉 등단
시집 『샛강에서 자맥질 하다』, 『통증 연가』 출간

최연수 | 1958년 경북 상주 생
2008년 〈서정시학〉 등단

최애란
1958년 경북 대구 생
2006년 〈심상〉 등단
시집 『종의 출구는 늘 열려 있다』 출간

최재목
1961년 경북 상주 생
1987년 〈매일신문〉 신춘문예 등단
시집 『기다리는 꿈』, 『나는 폐차가 되고 싶다』, 『가슴에서 뜨거웠다면 모두 희망이다』 출간

하청호
1943년 경북 영천 생
1976년 〈현대시학〉 등단
시집 『다비 노을』, 『나는 아직도 그리움을 떠나보내지 못했다』 출간

한상권
1962년 경북 영천 생
1993년 〈문화일보〉 신춘문예 등단
시집 『단디』, 『그 아이에게 물었다』 출간

함명숙
1949년 경북 안동 생
1995년 〈문예사조〉 등단
시집 『꽃밭을 서성이는 말들』 출간

해　인
1953년 대구 생
2012년 〈시와시학〉 등단
시집 『시님이 무신 죄가 있겠노』 출간

홍승우
1955년 경북 경주 생
1995년 〈동서문학〉 등단
시집 『식빵 위에 내리는 눈보라』 출간

홍영숙 | 1965년 경북 대구 생
2006년 〈시선〉 등단
시집 『벽이 내게 등을 내주었다』 출간

홍준표 | 1954년 대구 생
2015년 〈문장〉 등단
시집 『커튼 콜』, 『구조적 못질』, 『허술한 반성』 출간

황명자 | 1962년 경북 영양 생
1989년 〈문학정신〉 등단
시집 『귀단지』, 『자줏빛 얼굴 한 쪽』, 『절대고수』, 『아버지 내 몸 들락거리시네』 출간

황영숙 | 1953년 경북 경산 생
1990년 〈우리문학〉 등단
시집 『은사시나무 숲으로』, 『따뜻해졌다』 출간

황인동 | 1946년 경북 경주 생
1991년 〈대구문학〉 등단
시집 『작은 들창의 따스한 등불 하나』, 『비는 아직 통화중』, 『뻔한 일』 출간

편집을 마치고

흐린 눈으로 바라보는 수변공원의 풍경이 어느 날부터 점점 익숙해지기 시작했다. 안개 속 같이 갑갑한 코로나19의 긴 터널도 이 상황을 더욱 부추겼다. 우리에게 다가올 봄에 대한 기다림이 있어 그나마 다행이다. 곧 환하게 닦여진 풍경 속 풀밭, 그 사이로 드러나는 오솔길, 천천히 보폭을 줄여 걸어보는 여유, 파란 하늘을 가득 담은 눈 시린 호수, 이 모든 평화로운 풍경을 봄은 데리고 와 줄 것이다. 어느 것 하나 소중하지 않은 것이 있을까 싶은 요즘이다.

30년 선배 시인들이 다져온 대구시협의 길을 되돌아보는 작업은 더욱 소중하지 않을 수 없다. 조심히 더듬으며 잘 기억할 수 있는 기억의 장이 되었으면 하는 바람이다. 뒤따르며 함께 걸어가는 길에 정성껏 한 그루 나무로 서 있고 싶은 마음이다. 점점 살아갈수록 들풀 같은 존재로 살고 싶다는 생각과 나의 히스테리시스를 뒤적거리며 그렇게 시의 길에 누가 되지 않는 발자국 하나 얹으며 먼 길 함께 걸어가야겠다.

(박태진)

춥지 않은 겨울을 본 적이 있을까만 유난히 이번 겨울은 매우 춥다. 끝을 보이지 않는 전대미문의 세상을 살고 있으니 어쩌랴, 최소한의 에너지로 견디고 살아내는 수 밖에. 겨울 풍경 속을 굳건히 지키고 있는 저 사물들이 다시 숨 쉬어줄 것을 믿어 의심치 않는다.

서른 해를 가로질러 한 획을 그으며 건너가는 화살에게 조용하지만 뜨겁게 경의를 보내야겠다. 때로는 거친 바람을 뚫고 혹은 거센 물결을 거슬러 무척 부대꼈으리라. 지치지 않도록 마음으로 혹은 손길로 거들어 보는 것으로 성의를 표한다. 아무리 냉정한 겨울일지라도 저렇게 꼿꼿하기만 할까? 한 모금 입김을 보태며 봄을 불러내는 일, 시인은 게을리하지 않을 것이다.

(박언숙)

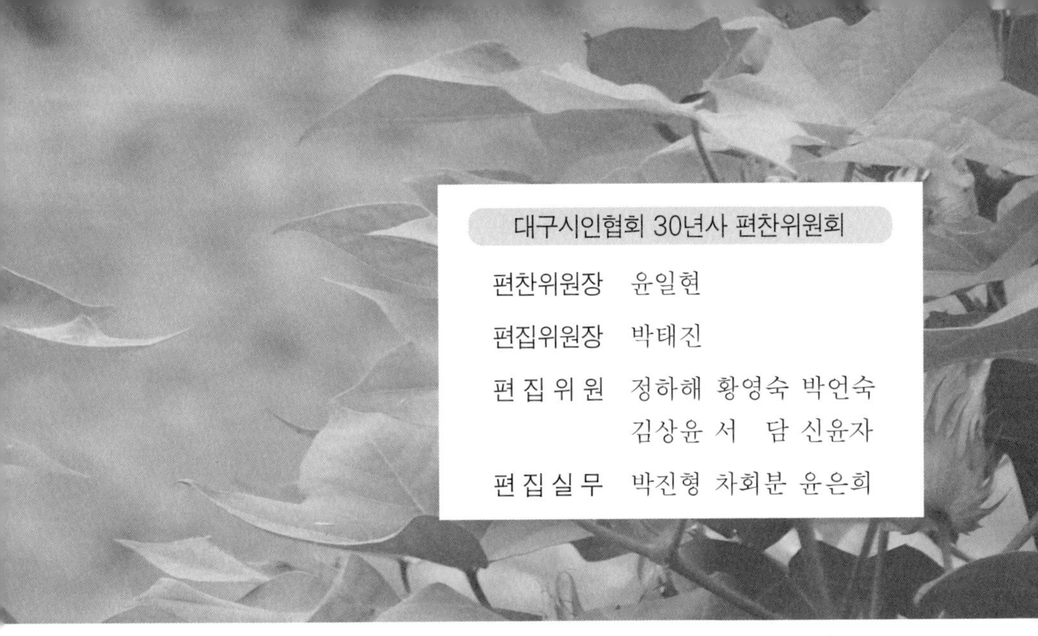

꽁꽁 언 겨울, 새들은 어디서 물을 마시나…. 길동물들은 어디서 잠을 자나…. 사람과 동물이 함께 살아가야하는 우리 도시 공간은 얼마나 생명을 보듬고 있나…. 나무는 풀들은 또 얼마나 아프게 살아가나…. 그럼 사람들은? 시인들은?

자고 일어나 눈을 뜨는 요즘은 그 누군가의 말처럼 '생명들은 다 아프다'라는 말이 실감난다. 아프지 않은 마음이 없고 아프지 않은 사람이 없는데 모두들 웃으며 살고 있다는 생각이 든다. 왜? 내일을 기대하기 때문이다. 그렇다면 내일은 있는가? 그건 아무도 모르고 하나님만이 아신다. 우리는 그저 희망을 품고 지금의 하루하루를 노력할 뿐이다. 주어진 시간을 최선을 다해서 사랑하려고…. 그 노력의 한 가지로 대구시인협회 30년사가 나왔다고 생각한다.

삶을 사랑하고 역사를 사랑하고 대구와 대구 시인들과 그분들의 시를 사랑하기에 모두 뜻을 모아서 이 책을 발간하게 된 것이다. 대구시인협회의 무궁한 발전과 기여를 빈다.

(김상윤)

대구의 詩,
시공을 관통하는 화살
—대구시인협회 30년사

인쇄 2021년 1월 15일
발행 2021년 1월 20일

지은이 / 대구시인협회
펴낸이 / 박진환

펴낸 곳 / 만인사
출판등록 / 1996년 4월 20일 제03-01-306호
주소 / 41960 대구광역시 중구 명륜로 116
전화 / (053)422-0550
팩스 / (053)426-9543
전자우편 / maninsa@hanmail.net
홈페이지 / www.maninsa.co.kr

ISBN 978-89-6349-155-4 03810

값 20,000원

* 이 책의 제작비 일부는 대구광역시 지원금으로 충당되었습니다.